Dunja Voos
Kleine Kinder richtig verstehen

Dunja Voos

Kleine Kinder richtig verstehen

Woran Sie erkennen,
ob sich Ihr Kind normal entwickelt

Für einen entspannten Start
in die ersten vier Lebensjahre

Bibliografische Information der Deutschen Nationalbibliothek
Die Deutsche Nationalbibliothek verzeichnet diese Publikation
in der Deutschen Nationalbibliografie; detaillierte bibliografische Daten
sind im Internet über http://dnb.ddb.de abrufbar.

ISBN 978-3-86910-600-7

Dieses Buch gibt es auch als E-Book: ISBN 978-3-86910-926-8

Die Autorin: Dr. med. Dunja Voos ist freie Medizinjournalistin mit Schwerpunkt
Psychosomatik, Tiefenpsychologie und Psychoanalyse. Die Fachärztin für Arbeits-
medizin ist Mutter einer kleinen Tochter.

Originalausgabe

© 2009 humboldt
Ein Imprint der Schlüterschen Verlagsgesellschaft mbH & Co. KG,
Hans-Böckler-Allee 7, 30173 Hannover
www.schluetersche.de
www.humboldt.de

Lektorat:	Dagmar Fernholz, Köln
Covergestaltung:	DSP Zeitgeist GmbH, Ettlingen
Innengestaltung:	akuSatz Andrea Kunkel, Stuttgart
Titelfoto:	Juice Images / Mauritius Images
Satz:	PER Medien+Marketing GmbH, Braunschweig
Druck:	freiburger graphische betriebe, Freiburg i. Br.

Hergestellt in Deutschland.
Gedruckt auf Papier aus nachhaltiger Forstwirtschaft.

Inhalt

Vorwort

Wie viel Vertrauen haben Sie zu sich selbst als Mutter? Was trauen Sie Ihrem Kind zu? Der Glaube der Mütter an ihre eigenen Fähigkeiten und an die Gesundheit ihrer Kinder ist oft nicht der beste. Unzählige Babys bekommen Krankengymnastik, viele Kleinkinder eine Sprachtherapie und scheinbar fast alle Grundschüler eine Zahnspange. Dabei ist das bei Weitem nicht immer nötig – vielmehr spiegelt es die Unsicherheit der Eltern und Ärzte wider. Niemand möchte etwas falsch machen.

Noch größer ist die Unsicherheit, wenn es um die Psyche der Kinder geht. Kaum ein Thema ist sensibler als die seelische Gesundheit eines Kindes. Schwingen doch schnell Schuldzuweisungen besonders an die Mutter mit, sobald etwas nicht mehr „normal" verläuft. Doch bevor die Rede von „normal" und „anormal" ist, müssten Eltern, Erzieher, Lehrer und teilweise auch die Kinderärzte zunächst wissen, wie eine normale psychische Entwicklung überhaupt aussieht.

Dieses Buch wird Ihnen einen Einblick in das Seelenleben des Kindes aus tiefenpsychologischer Sicht vermitteln. Es zeigt Ihnen, wie wenig „schuldig" Sie an schwierigen Phasen in der Kindesentwicklung sind und wie viel Einfluss Sie zugleich doch haben, um aus festgefahrenen Situationen wieder herauszufinden. Sie werden verstehen, warum Sie besonders als junge Eltern manchmal niedergeschlagen

sind, oder warum Ihr Kind sich schon wieder „unlogisch"
verhält. Aus Sicht des Kindes ist sein Verhalten meist sehr
logisch – es ist „psychologisch". Neueste und klassische
Erkenntnisse aus der psychoanalytischen Forschung mit
Kindern hält dieses Buch für Sie bereit.

Dabei möchte ich Sie motivieren, Ihrer Intuition zu folgen
und einen Augenblick innezuhalten, wenn etwas nicht
mehr „normal" scheint. Dieses Buch soll Ihnen die Angst
nehmen, Sie könnten zu viel falsch machen oder ein psychisch auffälliges Kind heranziehen. Es zeigt Ihnen die
Möglichkeiten auf, die in der Beziehung zu Ihrem Kind
stecken.

Von den kritischen Blicken gibt es bereits genug. Sobald
der Schwangerschaftstest positiv ausfällt, schweben sie
über Mutter und Kind wie eine schwere Wolke. Wie sehr
habe ich mich da in meiner eigenen Schwangerschaft über
die haltgebenden Sätze gefreut, die meistens von Hebammen kamen: „Sie sind schwanger? Herzlichen Glückwunsch! Es wird eine aufregende Zeit. Vielleicht werden
Sie sich Sorgen machen über den einen oder anderen
Befund. Aber das Wichtigste ist, dass Sie erst einmal guter
Hoffnung sind. Das Kind wird seinen Weg herausfinden,
Sie werden genug Milch haben. Ein müdes Kind wird
schlafen, ein hungriges Kind wird essen. Nach zwei Jahren
werden Sie (fast) zu Ihrer alten Figur zurückfinden. Und
wenn Sie alleinerziehend sind, dann schaffen Sie das auch
allein." Aber welche junge Mutter kennt solch mutma-

chende Sätze noch? In diesem Buch werden Sie das eine oder andere finden, das Ihnen Entlastung bringen wird. Es soll Ihr Vertrauen in sich und Ihr Kind stärken und somit für einen entspannten Start in den ersten vier Jahren sorgen.

In diesem Buch wird der Einfachheit halber meist nur von „der Mutter" gesprochen, auch wenn der Vater eine ebenso bedeutende Rolle spielt – ebenso wie die Oma oder wer immer dem Kind am nächsten steht. Gemeint ist mit „Mutter" die engste Bezugsperson, die das Kind am besten kennt.

Ihre
Dr. med. Dunja Voos

Was ist psychische Gesundheit?

Gestörtes Kind, gestörte Eltern?

Aufgeregt kommt die Erzieherin auf die Mutter einer Zweijährigen zu: „Ihr Kind kann sich seit Tagen kaum konzentrieren." Die umstehenden Mütter erstarren und bekommen große Ohren. Aufmerksamkeitsdefizit-Hyperaktivitätsstörung (ADHS) im Anmarsch? „Wir müssen das beobachten", sagt die Erzieherin mit ernstem Gesicht. Unruhe macht sich breit. Als könnte ADHS angeflogen kommen wie ein Erkältungsvirus. Doch wie sehr „müssen" sich Zweijährige eigentlich konzentrieren können? Was können wir von so kleinen Kindern erwarten?

Dass Kinder immer früher in den Kindergarten kommen, heißt nicht, dass von den jüngeren Kindern dasselbe erwartet werden kann wie von den älteren. Wer sich einmal für ein paar Minuten in einen Kindergartenraum mit lärmenden Kindern gesetzt hat, der weiß, wie unruhig das selbst den ausgeglichensten Erwachsenen machen kann. Doch der Erwachsene kann wenigstens denken: „Ich gehe gleich in mein Büro und trinke erst mal einen Kaffee", während die Kleinen besonders bei Regenwetter in so mancher Einrichtung nur begrenzte Möglichkeiten haben, sich mit ihrem Fläschchen zurückzuziehen.

Kaum eine Frage macht Müttern ein schlechteres Gewissen als die nach der psychischen Gesundheit ihres Kindes. So viele Mütter haben Angst davor, etwas falsch zu machen – und niemand ist in Sicht, der ihnen diese Angst nehmen könnte. In den anfänglichen Krabbelgruppen wird die Frage nach den seelischen Belangen gerne umgangen, indem sich die Mütter besonders stark um Körperliches sorgen. In Babygruppen gibt es dann heiße Diskussionen darüber, welche Zuckerart die beste sei, aus welcher biologischen Möhre der erste Brei bestehen soll oder ob Kinderschuhe unter 60 Euro überhaupt etwas taugen. Viele Mütter fühlen sich dabei irgendwie einsam. Selten geht es in den Babygruppen um Fragen der psychischen Gesundheit. Sie treten am Rande auf, etwa wenn ein Kind nachts nicht schlafen will oder „zu lange" gestillt wird. Dabei würden sich viele Mütter sehr gerne mit der Psychologie des Kindes beschäftigen – und auch mit ihrer eigenen. Doch gibt es da noch recht wenige Angebote. Zumindest bis zum Kindergarten- und Schulalter manövrieren sich viele Mütter alleine durch ihre Fragen und Ängste.

Zurück zur anfänglichen Kindergartenszene. Die Aufregung hat sich bald etwas gelegt: Das „unkonzentrierte Mädchen" hatte vor einigen Tagen noch einen schweren

In Babygruppen wird selten über Fragen der psychischen Gesundheit des Kindes geredet.

Infekt mit hohem Fieber. Es ist noch nicht wieder ganz im Tritt. Wie das kleine Kind sich verhält, ist also völlig normal. Doch den Müttern hallt die Bemerkung der Erzieherin noch tagelang nach. Wird mein Kind das nächste sein, um das ich mir Sorgen machen muss? Und woran merke ich, wenn etwas wirklich nicht stimmt?

Es ist nicht immer leicht, festzustellen, ob eine Entwicklung „normal" verläuft oder nicht. Sicher, da gibt es die offensichtlichen Bilder, die wir alle aus Zeitung und Fernsehen kennen: Bilder von gewalttätigen, alkohol- oder drogenabhängigen Jugendlichen. Das kann man sich wenigstens noch erklären: Wenn Kinder aus „Alkoholikerfamilien" oder aus den sogenannten „bildungsfernen Schichten" stammen, haben sie guten Grund, psychisch auffällig zu werden. Das ist für viele noch einleuchtend. Doch scheinbar immer häufiger leiden solche Kinder an psychischen Störungen, die aus vordergründig ganz intakten, normalen Familien kommen. Es sind Kinder aus gut situierten Familien mit hohem Bildungsgrad, Lehrerkinder, Ärztekinder und Kinder von Eltern, deren Partnerschaften liebevoll sind und gut funktionieren. Die Kinder werden „plötzlich" verhaltensauffällig und sind nicht mehr zugänglich für Eltern und Erzieher. Die Eltern sehen sich auf einmal mit Aggressionen, Essstörungen, Angststörungen und vielem mehr konfrontiert.

Fehlt eine offensichtliche Erklärung für die Ursache dieser Störungen, dann wird oft den Genen oder einer Stoffwechselstörung im Gehirn die Schuld gegeben. Das wird auch in den Medien immer wieder so dargestellt – egal, ob es sich um Zwangsstörungen, Aufmerksamkeitsdefizite oder Depressionen handelt. Doch so einfach ist das nicht. Zwar spielen Gene eine Rolle, aber oft wird ihnen ein zu großer Anteil am Geschehen zugeschrieben. Auch ist es nachvollziehbar, dass offensichtliche, schwere seelische Verletzungen bei einem Kind zu psychischen Störungen führen. Doch es sind oft die kleinen Verletzungen, unter denen ein Kind leidet – immer wiederkehrende Spannungen, „Familiengeheimnisse" oder chronische Missverständnisse, die bei dem Kind später zu Verhaltensauffälligkeiten oder emotionalen Störungen führen. Da tauchen wir dann plötzlich in ein ganz sensibles Thema ein. Denn wenn es nicht „die Gene" oder „der Stoffwechsel" allein sind, dann wird doch angenommen, die Eltern seien „schuld" – oder? Nein, sie sind nicht „schuld". Sobald die Frage gestellt wird, welche Rolle die Eltern bei der Entwicklung ihrer Kinder spielen, sollten solche Wertungen generell abgelegt werden. Wir wären in einer Sackgasse, es ginge nicht weiter und wertvolle Chancen, um belasteten Kindern und Eltern wirklich zu helfen, würden ungenutzt bleiben. Wie müssen sich beispielsweise Eltern fühlen,

Etiketten wie „schuldig" und „richtig oder falsch" haben bei der kindlichen Entwicklung nichts zu suchen.

die mit ihrem Baby eine Ambulanz für Schreibabys aufsuchen? Wenn Therapeuten solche Eltern beobachten, stellen sie immer wieder fest: Diese Eltern geben alles. Es sind liebevolle, warmherzige und wohlwollende Eltern, die alles Erdenkliche für ihr Kind tun. Und doch kommen sie in die Ambulanz, weil sie spüren, dass sie „irgendwie" einen Einfluss auf das Schreien oder Nicht-Gedeihen ihres Babys haben. Sie sind verzweifelt. Sie tun alles und haben doch nur das Gefühl, zu versagen. Doch sie machen nichts „falsch". Sie sind einfach nur Menschen. Diese Eltern haben ihre eigene Geschichte. Sie haben starke Seiten und schwache Seiten. Sie verfügen über bewusste Gedanken, aber auch über unbewusste Fantasien. Diese unbewussten Fantasien sind es oft, die das Spiel verderben. Und weil so vieles unbewusst ist, kann man manchen Zusammenhängen auch nur schwer von selbst auf die Spur kommen. Wir können immer nur aus unserem Haus herausschauen. Von außen angucken können uns nur die anderen.

Und so stellen manche Eltern erleichtert fest, dass sie zwar schon „irgendwie" daran beteiligt sind, dass ihr Kind sich nicht wohlfühlt, dass sie daran aber keine Schuld haben. Wenn in einer Behandlung dann ihre eigenen Sorgen Platz bekommen, dann merken sie, wie es dem Kind besser geht. Denn dem Kind geht es oft nur deshalb schlecht, weil es den Eltern nicht gut genug geht. Das kann bewusstes oder unbewusstes Unwohlsein sein. Wenn eine Alleinerziehende abends ihr Baby schreien lässt, weil sie keine Kraft mehr und keine Unterstützung hat, wer will ihr da die Schuld geben? Wenn eine Managerin unter so starken

Selbstzweifeln leidet, dass sie nur durch harte Arbeit mit diesen Zweifeln fertig wird, wer will ihr dann die Schuld geben, wenn ihr Sohn in der Schule hibbelig und unaufmerksam wird? Der Sohn leidet wortwörtlich unter einem „Aufmerksamkeitsdefizit", weil die Mutter ihm nicht genug ungeteilte Aufmerksamkeit schenken kann. Doch die Mutter verzweifelt an ihrem Dilemma. Wenn sie ihre Selbstzweifel angeht und dann selbst vielleicht in einer Therapie von ihrem ungeheuren Druck entlastet wird, dann geht es beiden besser: Mutter und Kind.

Darum ist die „Störung" eines Kindes auch immer eine Chance für alle. Sie mag ein unangenehmer Fingerzeig auf die Eltern sein. Doch die Eltern sollten dann nicht zu hart mit sich ins Gericht gehen. Wenn sie sich überwinden können, von ihrem möglichen Perfektionismus abzurücken und wenn sie den Mut haben, sich selbst und ihre traurigen Erlebnisse anzuschauen, dann führt das zur Lösung vieler Probleme.

Die „Störung" eines Kindes kann auch eine Chance für die Eltern sein, sich zu hinterfragen.

Auch wenn dieser Weg schwierig ist – letzten Endes geht es den Eltern damit auf Dauer besser, als wenn man sie mit der Erklärung abspeist, die Gene seien schuld. Solch eine Erklärung erleichtert die Eltern nur im ersten Moment. Doch diese Erleichterung reicht nicht weit. Innere Unruhe und Zweifel bleiben bestehen. Manchmal zeigt sich das dadurch, dass die verzweifelten Eltern jeden abweisen, der vorsichtig versucht zu erklären, dass es sich bei der Störung des Kindes möglicherweise nicht nur um genetische Vererbung handelt. Das macht deutlich, dass die Eltern eigentlich nur auf der Suche nach grundlegender Entlastung sind – für sich selbst und ihr Kind.

Wie eng das Zusammenspiel von Eltern und Kindern sein kann und wie schwierig es manchmal ist, die wahren Ursachen der Probleme zu finden, soll ein Beispiel zeigen:

Ein Elternpaar spielt seinem Kind eine heile „Ehe-Welt" vor. Sowohl Vater als auch Mutter stammen aus Familien, in denen die Eltern sehr viel stritten. Die Eltern des Vaters ließen sich scheiden, als er selbst gerade neun Jahre alt war. Er hatte sehr darunter gelitten. Die Eltern sind durch das gemeinsame Schicksal verbunden. Sie fanden es furchtbar, zu Hause nur laute, endlose Diskussionen mit anhören zu müssen. Das wollen sie ihrem eigenen Kind auf jeden Fall ersparen. Doch die Eltern sind in Wirklichkeit in ihrer Ehe schon lange selbst nicht mehr glücklich. Beide haben innerlich gekündigt. Vordergründig führen sie eine liebevolle Partnerschaft, doch sie schaffen dem Kind eine sorgenvolle Atmosphäre, in der es merkt, dass etwas nicht stimmt. Weil die Eltern sich nie ehrlich mit ihrem Unglücklichsein auseinandersetzen und weiterhin den sorglosen Schein aufrechterhalten, ist für das Kind nichts fassbar. Dennoch fühlt es sich für das, was es nicht fassen kann, auf unbestimmte Art verantwortlich und wirkt niedergeschlagen.

Dieser Zustand kostet das Kind sehr viel Energie. Es denkt viel nach, ohne zu einem Ergebnis zu kommen. Im Laufe der Zeit entwickelt es eine Schulangst. Jedoch nicht aus Angst vor der Schule, sondern unbewusst aus der Angst heraus, die Eltern während der Schulstunden nicht im Blick zu haben. Es befürchtet unbewusst, die Eltern könnten in seiner Abwesenheit streiten, sich scheiden lassen oder sonst etwas Schlimmes tun. Das ist der spannende Punkt. Denn

Schulprobleme entstehen oft nicht in der Schule, sondern zu Hause.

so mancher Schulpsychologe würde sagen: „Aha, das ist Schulangst, also machen wir eine Verhaltenstherapie, damit das Kind die Angst vor der Schule verliert." Und so würde das Kind eine Verhaltenstherapie machen, ohne dass sie ihm auf Dauer helfen würde. Denn das Problem ist nicht die Schule, sondern das Zuhause.

Im Hintergrund sind die Eltern, die nichts anderes wollen, als dem Kind zu ersparen, was sie selbst erlebten. Aus dieser Vorsicht heraus schaffen sie aber eine Situation, die dem Kind nicht guttut. Sie sind nicht „schuld", sondern sie sind immer noch beschäftigt mit ihren damaligen Erlebnissen und handeln aus Liebe zu ihrem Kind. Sie können kaum glauben, dass sie ihrem Kind ruhig auch ein wenig Leid zutrauen dürfen. Vielleicht könnte ihr ansonsten seelisch kräftiges Kind erstaunlich gut damit umgehen, wenn die Eltern ihre Eheprobleme endlich nicht mehr verheimlichen würden. Vielleicht würden es die Eltern schaffen, sich einvernehmlich zu trennen, aber dem Kind dabei so viel Verständnis entgegenzubringen, dass es mit relativ wenig Leiden durch diese Zeit kommt. Und wenn es leidet, dann wäre es ein fassbares Leiden. Das Kind könnte dann zu seinen Freunden gehen, mit ihnen über das Fassbare reden und sich trösten lassen. Vielleicht würden die Eltern aber auch in einer Paartherapie neu zusammenfinden und der gespielte Friede würde wieder ein echter werden. Die Eltern haben Tausend Möglichkeiten, sich selbst und dem Kind zu helfen. Sie müssen nur den ersten Schritt wagen und die Probleme anschauen. Mithilfe von außen ist das oft leichter als ohne.

Viele Eltern in solchen Situationen können zunächst nur so handeln, wie sie handeln. Für sie ist ihr Verhalten die vorläufige Lösung, bis sie einen besseren Weg finden. Manchmal brauchen sie einfach Zeit, um Mut zu fassen. Aber sie tun nichts mit „böser" Absicht. Im Gegenteil: Sie wollen ja das Kind vor Leid bewahren. Doch indem sie versuchen, ihrem Kind dasselbe Schicksal zu ersparen, „machen" sie es unglücklich. Völlig schuldlos. Nur, wenn sie sich diesen Zusammenhängen stellen, geht es der Familie besser. Solche „Schicksalsschleifen" kommen oft vor. Wer kennt nicht im weiteren Bekanntenkreis ein Kind, bei dem scheinbar alles immer wunderbar gelaufen ist, das plötzlich im Studium zusammenbricht und eine Psychotherapie benötigt? Da muss sich also nicht unbedingt Offensichtliches abgespielt haben, das dazu geführt hat, dass das Kind jetzt leidet. Es waren vielleicht immer wieder dieselben „Kleinigkeiten", die auf Dauer verwundbar gemacht haben. So ein Schicksal bedeutet jedoch auch nicht, dass die Dinge irreparabel sind.

Doch wie lässt sich verhindern, dass Eltern ihrem Kind auf so schwer erkennbare Weise Leid zufügen? Schwierig. Das Leben ist ein Abenteuer, und wenn die Kinder groß sind, haben sie den Eltern immer etwas vorzuwerfen. Das ist ihr gutes Recht. Es ist doch auch schön für die Kinder, wenn sie die Eltern an einer Ecke „packen" können, wenn sie ein Gegenüber haben und sich an ihnen reiben können. Manche Kinder leiden viel mehr, wenn es da nichts vorzuwerfen gibt. Und das wiederum können sie dann den Eltern vorwerfen.

Das Problem beginnt oft dann, wenn die Eltern versuchen, etwas vermeintlich „Schlimmes" zu verhindern oder wenn sie sich ihren Schwierigkeiten nicht stellen wollen. Meistens sind die Dinge leichter, wenn sie ausgesprochen werden. Die perfekte Familie gibt es nicht und immer trägt ein Kind auch Blessuren davon. Häufig ist das eigene Kind viel stärker, als die Eltern glauben, und es braucht schon eine recht

Im Allgemeinen kann ein Kind erstaunlich viel verkraften.

große Menge lang anhaltenden Drucks und Kummers, bis eine seelische Erkrankung entsteht. Und auch hier sind wir wieder an einem spannenden Punkt: Ab wann ist ein Kind „krank"?

Heutzutage werden Kinder viel zu leicht als „krank" angesehen. Der kleinste Senkfuß, der erste schiefe Zahn, die leiseste Unruhe – alles wird sofort mit kritischem Blick beäugt und verfolgt. Dabei merken viele Eltern intuitiv sehr wohl, ab wann sie sich wirklich Sorgen machen müssen. Psychische Gesundheit zeichnet sich dadurch aus, dass wir nicht allzu viel in sorgenvoller Weise über uns und unsere Umwelt nachdenken müssen. Ein Kind, das Kontakt zu seinen Gefühlen hat, sie erkennt, sie benennt und ihnen dem Alter entsprechend Ausdruck verleihen kann, ist meistens psychisch gesund. Gesunde Kinder haben Freunde. Sie können ihr Spielzeug manchmal bis auf das Blut verteidigen und ein anderes Mal leicht hergeben. Ruhige und aktive Zeiten wechseln sich ab. Ein Kind, das gut schläft, isst, sich ins Spiel versenken kann und gedeiht, ist meistens gesund. Später sollte es auch in der Lage sein, über sich selbst nachzudenken und sich in andere hineinzuversetzen.

Immer wieder gibt es Phasen, in denen ein Kind zu viel weint, zu lange trotzt, zu unruhig oder anhänglich ist. Meistens vergeht das wieder. So, wie spätestens im Kindergartenalter ein Schnupfen den anderen ablöst, so folgen die Entwicklungsphasen aufeinander, die immer viel Freud und Leid mit sich bringen. Doch erst, wenn starker Leidensdruck entsteht und eine „problematische" Phase um einiges länger anhält als bei anderen Kin-

Viele Mütter wissen: Eine problematische Phase hört auf, um den nächsten Schwierigkeiten Platz zu machen.

dern gleichen Alters, dann ist es möglich, dass etwas eben nicht „normal" verläuft. Die Betroffenen können recht zuverlässig sagen, ab wann etwas nicht mehr normal ist. Wichtig ist, dass sie dann hinschauen und dem nachgehen. Viele Eltern von Schreibabys beispielsweise warten viel zu lange, bis sie sich an eine Ambulanz wenden, obwohl sie genau spüren, dass das Schreipensum ihres Kindes über das eines „normalen" Kindes hinausgeht, und obwohl sie als Eltern enorm leiden. Der Grund ist leider oft, dass es ihnen an Kraft fehlt, aber auch an Hilfsangeboten oder einfach an dem Wissen, wo sie die nächste Ambulanz finden können. Aufklärung tut not.

Was ist eine psychisch gesunde Familie?

Die Familie sitzt mit Gästen am Kaffeetisch und die Kleinste wirft den Orangensaft um. Das Glas geht zu Bruch, auf Tischdecke und Teppich bilden sich wunderbare Flecken. Wie reagieren die Eltern? Ob sie laut werden oder nicht, hängt von vielen Punkten ab: Sind sie selbstbewusst? Haben sie genug Geld für neue Gläser und Tischdecken? Wer sind die Gäste? Haben die Eltern das Gefühl, vor den Gästen „richtig" reagieren zu wollen?

Psychische Gesundheit hängt meist eng damit zusammen, ob die Familie, in der ein Kind aufwächst, im Großen und

Ganzen selbst „gesund" ist. Familie ist immer ein kompliziertes Gebilde, daher gibt es auch keine einfache, allgemeingültige Beschreibung der „gesunden Familie". Doch ein paar Merkmale tauchen immer wieder auf, von denen viele auch die Kennzeichen einer gesunden Persönlichkeit sind. Wenn ein Kind versehentlich ein Glas vom Tisch schmeißt, dann ist das nicht schön, aber keine Katastrophe. Es kann ein neues Glas gekauft werden. Das geht natürlich nur, wenn die Familie nicht unter größerem finanziellen Druck steht. Denn dann kann jede kleine Anschaffung schon eine Last bedeuten. Und die Szene, in der das Kind das Glas hinunterwirft, sähe direkt ganz anders aus: lauter und emotionaler.

In gesunden Familien gibt es viel Humor und wenig Drama.

Auf einer gesunden Familie lastet von nur wenigen Seiten größerer Druck. Es gibt zu mehreren Richtungen hin Puffer. Meistens können die Eltern auf ihr Kind recht gelassen reagieren – weil sie genügend Geld haben, reichlich Verwandte und Freunde als Ansprechpartner oder weil sie über ein gesundes Selbstbewusstsein verfügen. Das Selbstbewusstsein der Eltern ist groß genug, um kindliche „Angriffe" abzufangen. Wenn ihr Kind wütend ist oder ihnen trotzt, dann fühlen sie sich nicht persönlich verletzt. Das bedeutet auch, dass die Eltern es als Versehen des Kindes interpretieren können, wenn ihm ein Glas herunterfällt. Sie wissen, dass das Kind eben noch klein ist und sie nur ein gewisses Maß an Geschicklichkeit von ihm erwarten können. Sie sind sich sicher, dass das Kind sie mit diesem Missgeschick nicht ärgern will und führen das kleine Unglück nicht auf ein persönliches Versagen zurück. Sie leben nicht in der Annahme, sie hätten das Kind doch schon zu mehr Vorsicht und Geschick erziehen müssen. Daher ist ihnen ihr Kind auch in keiner Weise „peinlich".

Die Familienmitglieder können sowohl über sich selbst als auch über das Kind nachdenken und sehen sich als eigenständige, getrennte Personen an. Sie sind selbstkritisch und können ihre Gefühle und ihr Handeln mit etwas Abstand in Ruhe betrachten. Sie lassen sich nicht mitreißen von äußeren Meinungen, sondern haben einen gesunde Distanz zu den Dingen, sodass sie überlegen können, ob eine andere

Es besteht eine gesunde Trennung zwischen Eltern und Kind.

Meinung für sie stimmig ist oder nicht. Die Familie hat ihre Mitte gefunden und lebt nach ihren Maßstäben. Anderes darf daneben bestehen bleiben.

Jeder in der Familie ist zufrieden genug, um gönnen zu können. Eifersüchteleien und Unzufriedenheiten gibt es natürlich auch hier – aber sie richten keinen größeren Schaden an. Die Blicke, die ausgetauscht werden, sind meistens wohlwollend. Die Familienmitglieder sehen einander an, wenn sie sich etwas zu sagen haben und sie hören sich gegenseitig zu.

In Familien, in denen immer wieder unfruchtbare Kämpfe ausgetragen werden, schleifen sich nichtsprachliche Kommunikationsmuster ein, in denen die Einzelnen gefangen sind. Wenn eine Mutter ihre pubertierende Tochter allzu oft kritisiert und angreift, dann wird die Tochter auf Dauer das gewohnte Verhalten der Mutter erwarten. Die Tochter schaut dann die Mutter mit einem Blick von unten an, der sagt: „Was willst Du jetzt schon wieder von mir?" Die Erwartung ist fest geprägt von den bisherigen Erfahrungen, sodass die Tochter selbst dann herausfordernd schaut, wenn sie gar keinen Angriff zu erwarten hätte. Die Mutter wiederum reagiert bereits auf den Blick ihrer Tochter in der gewohnten kämpferischen Art. Solche Kreisläufe können sich in beliebig vielen Variationen abspielen – sowohl im positiven als auch im negativen Sinn. Eltern und Kinder wissen dann genau, was passiert und können doch nicht heraus aus diesem Kreis, der auf eine gewisse Art sogar Lust bringt und befriedigend sein kann.

Daher ist es manchmal so, dass die Familienmitglieder solche Kreisläufe sogar suchen, denn so unangenehm sie auch sind: Es sind bekannte Situationen, die auf ihre Art Sicherheit verschaffen. Was man kennt, gibt Sicherheit und ein Gefühl von „Zuhause", auch wenn es etwas Unangenehmes ist. Das ist auch der Grund, warum Kinder aus Familien, in denen geschrien und geschlagen wurde, immer wieder ähnliche Situationen aufsuchen. Denn in diesen Situationen fühlen sie sich heimisch. Es ist dann oft sehr schwierig, diese „lieb gewonnenen" Kreisläufe und Gewohnheiten wieder zu verlassen. Für die Umstehenden ist es unfassbar, dass manch junger Mensch scheinbar freiwillig immer wieder in dasselbe Unglück rennt, das er von zu Hause kennt. Auch Kinder, denen es in ihrer Familie überhaupt nicht gut geht, kehren immer wieder gern dorthin zurück. Das Gefühl, wieder zu Hause zu sein, hat mehr Wert als die Einsicht, dass zu Hause kein Wohlbefinden zu erwarten ist. Das ist solange so, bis sich Alternativen gefunden haben und bessere Erfahrungen mit anderen Menschen zur neuen wohligen Gewohnheit geworden sind.

Gesunde Familien sind in der Regel flexibler und müssen nicht auf starre Muster zurückgreifen. Die Gespräche sind eher ruhig als lautstark, wobei hier auch das Temperament eine Rolle spielt. Eine sizilianische Familie kann durchaus ruhig diskutieren, obwohl die Lautstärke für deutschsprachige Ohren anderes vermuten ließe.

Die Rollen in einer gesunden Familie sind klar verteilt. Vater und Mutter sind die Erwachsenen und das Kind darf Kind sein. Die Eltern sind nicht

Negative Kreisläufe in der Kommunikation kommen in jeder Familie vor, doch in gesunden Familien gibt es weniger davon.

die besten Freunde des Kindes, sondern das Kind findet in den Eltern ein wahres elterliches Gegenüber. Es merkt, dass die Eltern die „Stärkeren" und Weiseren sind, auf die es bauen und sich verlassen kann. Das Mädchen ist nicht Partnerersatz für einen unglücklichen Vater und der Junge nicht Trostspender für eine depressive Mutter. Die Familie kommt relativ oft zusammen und nutzt die Gelegenheit zu

Gesprächen. Die Eltern können das Zusammensein mit den Kindern genießen, freuen sich aber genauso auf das Alleinsein. Sie haben ihre eigenen Beschäftigungen und Interessen, sodass das Kind nicht „alles" für sie ist. Ohne das Kind fühlen sich die Eltern nicht gleich verloren, sondern sie finden auch in ihren Bereichen Sinnerfüllung. Es ist im Großen und Ganzen alles ausgewogen, sodass Ungleichgewichte aufgefangen und Probleme getragen werden können. Meistens gibt es genug soziale Kontakte nach außen, auf die sich die Familie stützen kann.

Kinder, die aus einer weitgehend gesunden Familie kommen, können meist besser warten als andere Kinder. Das dauerhafte „Wohl in der Zukunft" ist wichtiger als die sofortige Lustbefriedigung. Sehr unzufriedene Kinder neigen zu Gewalt, um das Gewünschte sofort durchzusetzen. Das lässt sich schon bei den Kleinsten beobachten – wer unzufrieden ist, schlägt schneller zu. Oft haben diese Kinder Eltern, die selbst damit Schwierigkeiten haben, die nahe oder fernere Zukunft abzusehen. Wenn eine Mutter verspricht: „In einer Stunde kannst du Schokolade haben", und sie dieses Versprechen nicht einlöst, dann macht das Kind die Erfahrung, dass es besser ist, sofort zuzupacken, weil die Dinge sich nicht halten. Die Vorstellung, auf etwas zu warten oder eine Sache zu vertagen, fällt ihnen sehr schwer, weil sie immer wieder erleben, dass das Versprochene schließlich doch wegfällt oder anders ausfällt als erwartet.

In gesunden Familien hingegen gibt es einen Raum – einen Raum zu warten, in der Gewissheit, dass das Erwartete auch wirklich eintreffen wird. Es gibt den Raum, erst nach dem Überlegen zu reagieren, sich Konsequenzen auszumalen, sich tröstende Personen vorzustellen, Konflikte im Spiel zu bearbeiten und so weiter. Dieses Klima wird dadurch unterstützt, dass jeder die Privatsphäre des anderen respektiert – selbstverständlich sollten Eltern auch schon bei ihren Kleinsten das Bedürfnis nach Abgrenzung achten. Jeder darf seine kleineren Geheimnisse fraglos behalten. Allerdings gibt es keine größeren Familiengeheimnisse wie etwa ein „Kuckuckskind" oder schwerwiegende belastende Geschehnisse aus der Vergangenheit, die niemals ausgesprochen werden durften und jetzt die Kinder auf unbestimmte Weise belasten.

Auch in der gesündesten Familie gibt es „krankhafte Anteile" und Konflikte, die immer wieder Probleme mit sich bringen. Entscheidend ist jedoch, dass das Wohlfühlen überwiegt. Ein Kind ist sehr flexibel und kann die alltäglichen Unzulänglichkeiten von Mutter, Vater und Familie gut wegstecken – es braucht sie sogar, um sich weiterzuentwickeln. Nur, wenn es immer wieder größere Belastungen gibt – seien sie subtil oder offensichtlich – dann wird ein Kind auf Dauer leiden.

Bildung fördert die psychische Gesundheit

Anne sitzt missmutig in der Klasse. Schon seit Wochen kann sie dem Unterricht nicht mehr folgen. Zu Hause ist Streit – Anne hat zu großen Kummer, um sich zu konzentrieren. Sie schaut aus dem Fenster und grübelt darüber nach, wie es wohl wäre, wenn sich ihre Eltern scheiden ließen. Sie beneidet ihre Freundinnen: Die kommen morgens in der Schule an und haben den Kopf frei. Mehr und mehr zieht sich Anne zurück. Sie wird zum Einzelgänger. Die Schule macht ihr keinen Spaß mehr.

So sieht es aus, wenn ein Kind nicht lernen kann. Es ist ein großes Glück, wenn solche Kinder Lehrer haben, die Verständnis für ihre Situation aufbringen. Viele Lehrer fragen sich, was sie denn „machen" könnten, wenn ihre Schüler abwesend, unruhig oder aggressiv sind. Außer Struktur zu geben, können sie meistens nicht viel „machen". Doch was beim Kind ankommt, ist ein verständnisvoller Blick. Wann immer der Lehrer sich die Mühe gibt, ein Kind zu verstehen, ist damit ungeheuer viel geschafft. Auch wenn der Lehrer meistens nur sehr wenig davon bemerkt, kommt beim Kind einiges an.

Lernen können Kinder, wenn es ihnen gut geht. Ideal ist es, wenn Kinder zu Hause nur das aufgeladen bekommen, was sie auch tragen können. Gesunde Kinder erleben zu Hause nur den altersentsprechenden, wohldosierten Frust, mit dem sie umgehen können, und sie müssen nur so viel

Verantwortung tragen, wie es ihnen entspricht. Sie müssen sich nicht verantwortlich fühlen für Geschehnisse, die über ihren Wirkungskreis hinausgehen. Kinder fühlen sich sehr leicht schuldig – sie suchen die Schuld für das Unglück der Eltern naturgemäß sehr oft bei sich selbst.

Ein Kind, das aus zufriedenen Verhältnissen kommt, aus ruhigem Fahrwasser sozusagen, kann sich am Morgen auf die Schule einlassen. Es kann sich konzentrieren und muss nicht sorgenvoll an Probleme von zu Hause denken, während der Lehrer vorn Englisch unterrichtet.

„Wissensbildung" und „Herzensbildung" lassen sich manchmal kaum voneinander trennen. Kinder, die aus gesunden Familien kommen, in denen es genügend nahe Bezugspersonen mit „Herzensbildung" und Zeit gibt, sind aufnahmefähig. Wann immer ein Kind etwas Neues lernt, hat es ein Stückchen mehr Freiheit in seinem Leben.

Nur ein Kind, das sich geborgen und angenommen fühlt, hat den Kopf frei, zu lernen.

Wissen ermöglicht es, die Wahl zu haben zwischen „A" und „B". Bildung heißt, dass man weiß, wie man sich nötiges Wissen beschaffen kann.

Ein gesundes Kind ist wissbegierig und eignet sich Neues freiwillig an. Es lernt, zwischen Gut und Böse zu unterscheiden und kann mit der Zeit auch selbstständig kombinieren, um Neues selbst zu erfassen. Es kann immer leichter von Bekanntem auf Unbekanntes schließen und sein bisheriges Wissen auf etwas Neues übertragen. Ein Wissensbaustein kommt zum anderen hinzu – und ist fast immer nützlich. Vieles von dem, was wir wissen, „brauchen" wir nicht wirklich. Wir müssen nicht unbedingt Chinesisch sprechen können. Aber wenn wir es können, eröffnen sich uns wunderbare Möglichkeiten.

Menschen aus sogenannten „bildungsfernen Schichten" sitzen dabei in vielerlei Hinsicht in der Klemme. Denn ihnen fehlt es oft nicht nur an Wissen, sondern auch an emotionaler Bildung. Und dieser Mangel an emotionaler Bildung hindert sie daran, Wissen zu erlangen. Ein Teufelskreis. Immer wieder fordern beispielsweise Politiker, dass sich „Hartz-IV-Empfänger" doch auf ihre Eigenverantwortung rückbesinnen sollten. Diese Forderung ist jedoch ungefähr so, als wolle man einen einarmigen Menschen dazu auffordern, mit beiden Händen nach einem Apfel zu greifen. Natürlich gelangen die Menschen aus den unterschiedlichsten Gründen in die „unteren Schichten". Doch hierzu gehören eben viele Menschen, die sehr schlechte Voraussetzungen in ihrem Leben hatten und denen viele Möglichkeiten bereits in der Kindheit verwehrt wurden. Wer Politiker geworden ist, der hat zu Hause wenigstens die grundlegendsten Bausteine für Wissens- und Herzensbildung mit auf den Weg bekommen. Politiker laufen also mit einer Mindestausstattung an geistigen und emotionalen Fähigkeiten herum. Doch Kinder, die im Extremfall aus alkoholkranken Familien stammen, körperlich und seelisch missbraucht werden, haben zu Hause kein Vorbild, das ihnen beibringen könnte, was Eigenverantwortung eigentlich heißt. Eigenverantwortung ist etwas, das Kinder lernen und begreifen müssen. Es gibt Kinder aus den schlechtesten Verhältnissen, die sich nicht in andere Menschen einfühlen können, weil sie zu Hause nie die Möglichkeit hatten, diese Fähigkeit zu erlernen.

Ebenso gibt es Kinder, die die Fähigkeit zur Eigenverantwortung nicht erhalten haben; sie wissen gar nicht, was das heißt. Und sie können sich auch nichts darunter vorstellen. Ohne die „bildungsferne Schicht" entschuldigen zu wollen, so muss sie doch manchmal auch in Schutz genommen werden: Verantwortung zu übernehmen, ist ein reifer emotionaler Schritt. Und es ist ein tragisches Unglück, wenn Kinder nicht die Möglichkeit haben, sich diese Eigenschaft anzueignen.

Andere Kinder, die wiederum wenigstens theoretisch etwas mit dem Begriff „Verantwortung" anfangen können, haben keine Motivation dazu. Ihnen bieten sich nur wenig erfreuliche Zukunftsperspektiven. Zur Übernahme von Verantwortung gehört eben auch Motivation. Wo sie fehlt, können andere noch so viel fordern. Es kann nicht umgesetzt werden. Denn auch Frustrationstoleranz ist etwas, das Kinder nur von Eltern erwerben können, die selbst genug inneren Raum haben, um Frustrationen zu verkraften. Sind sie jedoch zu schwach oder unzufrieden, dann haben sie kaum die Möglichkeit, mit einem frustrierenden Erlebnis

gut umzugehen. Da ist es auch schwierig, die Kraft aufzubringen, sich „bilden zu lassen".

Mit Bildung wiederum lässt sich jedoch manche Frustration besser verkraften, weil man gelernt hat, was Vielsei-
tigkeit heißt und dass es für jede Situation immer mehrere
Antworten und Möglichkeiten gibt. Wie wichtig Bildung
sein kann, spüren die Kinder sehr genau. Manche Kinder,
die wenig gefühlsmäßigen Halt bekommen, krallen sich
am Wissen regelrecht fest. Für sie ist
Lernen eine Begierde. Kinder aus cha-
otischen Verhältnissen finden durch
Wissenserwerb eine wichtige Orien-
tierung in ihrem Leben. Viele Kinder können es kaum
erwarten, in der Schule die ersten Noten zu bekommen.
Sie geben einen Anhaltspunkt dafür, wo sie mit ihrer „Lern-
lust" stehen. Der Grund, aus dem manche Kinder so wissbegierig sind, mag traurig sein. Doch es ist für Kinder, die
keinen emotionalen Halt haben, eine gute Möglichkeit,
ihre Schwierigkeiten zu bewältigen.

Manche Kinder wollen sich und ihren Eltern durch Leistung beweisen, wie gut sie sind, weil sie es auf andere
Weise so selten erfahren. Nicht selten sind es Kinder aus
Wohlstandsfamilien, die darunter leiden, dass ihre Eltern
zu viel arbeiten und kaum verfügbar sind. Ihnen mangelt
es dann an zumindest einer Bezugsperson, die sich ihrer
auch gefühlsmäßig annimmt. Magersüchtige Mädchen sind
ein Beispiel für solche Kinder. Oftmals sind es exzellente

**Mit Bildung lässt
sich manche Frustration
besser verkraften.**

Schülerinnen, die auf diese Weise die Anerkennung bekommen, nach der sie sich so sehr sehnen. Sie sind ein (trauriges) Musterbeispiel an Disziplin.

Auf jeden Fall sollte sich die Tendenz, die Kinder immer früher zu fördern, nicht zu sehr ausweiten. Die Kinder erhalten „Früh-Englisch" und „Früh-Mathe" und haben kaum noch Zeit für das freie Spiel. Dabei ist es das Wichtigste, dass man ihnen in den ersten Lebensjahren geben kann: genügend Raum für freies Spiel. Im Spiel verarbeiten Kinder ihre Entwicklungsschritte und ihre Probleme. Ihre Fantasietätigkeit wird gefördert und so wird letzten Endes die beste Voraussetzung zum späteren Lernen geschaffen. Wenn wir die Kinder zu früh in Lernstraßen zwingen, engen wir sie ein und nehmen ihnen die Chance, kreativ zu sein. Doch auch hier sollte der Blick immer individuell auf das Kind gerichtet werden. Viele Kinder genießen es, früh Englisch oder Mathe zu lernen, andere brauchen noch mehr Zeit – zum Klettern, Höhlenbauen, Skaten oder Fahrradfahren.

Sind hochbegabte Kinder auch glückliche Kinder?

So manches Kind hat einen unglaublich hohen Intelligenzquotienten (IQ). Die Eltern freut das meistens. Ab einem IQ von über 130 spricht man im Groben von „Hochbegabung". Dazu gehören auch soziale, musische und „Bewegungs"-

Intelligenz. Die Definitionen sind vielfältig. Doch was bedeutet es eigentlich, wenn ein Kind einen hohen IQ hat? Kinder können aus den unterschiedlichsten Gründen einen hohen IQ haben. Manche sind einfach hochbegabt, glücklich, emotional intelligent und zufrieden. Die IQ-Tests müssen immer dem Alter angepasst werden. Den IQ, den wir als Erwachsene erreichen, behalten wir dann meistens mehr oder weniger ein Leben lang. Manche Lebensereignisse

Der Begriff des Intelligenzquotienten wird oft einseitig betrachtet.

können den IQ im Test senken. Beispielsweise haben viele stillende Mütter einen niedrigeren IQ als sonst. Doch hier zeigt sich, was die pure Messung des Intelligenzquotienten im Test wert ist: oft doch recht wenig. Denn ohne Frage hat eine stillende Mutter in dieser Zeit eine unglaubliche und einzigartige Intelligenz in Bezug auf ihr Kind. Im größten Getummel hört sie die Stimme ihres glucksenden oder weinenden Babys, sie errät seine Bedürfnisse korrekt und kann in jedem Moment auf ihr Kind eingehen. Ein hoher IQ gilt als gut. In den Medien hört man immer wieder von Kindern mit einer Hochbegabung, die zum Leid des Kindes erst spät entdeckt wurde. Doch die Begriffe „Intelligenz", „Intelligenzquotient" und „Hochbegabung" haben viele Facetten.

Schon der Kinderpsychiater Donald Winnicott hat in den 60er-Jahren bemerkt, dass ein hoher Intelligenzquotient nicht immer Anlass zur Freude ist. Für analytische Kinderpsychologen ist er manchmal auch ein Grund zur Besorgnis. Sie fragen sich dann, ob es dem Kind gut geht. In besonderen Fällen nämlich haben manche Kinder einen hohen IQ, weil sie emotional gestört sind und unter großen Ängsten leiden. Diese Kinder denken, anstatt zu fühlen, weil sie das Fühlen und den Umgang mit Gefühlen nur wenig gelernt haben. Wenn ihre Ängste und ihr inneres Chaos durch eine Psychotherapie zurückgehen, dann wird auch ihr IQ wieder geringer. Ein „schlechterer" IQ-Test ist dann Zeichen einer erfolgreichen Therapie.

> **Manche Kinder haben einen hohen IQ, weil sie emotional gestört sind und unter großen Ängsten leiden.**

Menschen mit autistischen Zügen können oft extrem gut rechnen oder sie lernen Landkarten schnell auswendig. Doch fernab von solch extremen Beispielen, kann ein – sagen wir – „krankhaft hochbegabtes Kind" sich vielleicht einfach nicht ausreichend von den Umweltreizen abschirmen oder es fehlt ihm noch die Fähigkeit, sich auf gesunde Weise ablenken zu lassen.

Ohne Frage gibt es die Hochbegabung, von der heute so oft die Rede ist. Manche Kinder sind wirklich einfach so hochbegabt und „dennoch" gesund. Doch wirkliche Hochbegabung gibt es relativ selten. Viele Lehrer beklagen sich eher darüber, dass Eltern zum Elternsprechtag mit der Vermutung kommen, ihr Kind sei hochbegabt, obwohl die Lehrer des Kindes das nicht so einschätzen: Manchmal bestätigt sich im Test die Hochbegabung, oft jedoch auch nicht.

Die Hoffnung der Eltern, das Kind sei hochbegabt, ist oft ein Kompensationsmechanismus für ein unbestimmtes Gefühl von Schuldigkeit. Manche Eltern fühlen sich irgendwie schuldig dafür, dass das Kind nicht die Leistung in der Schule erbringt, die sie vielleicht erwartet hätten. Sie fühlen sich fast beschämt, obwohl sie doch nichts dafür können. Dann wächst in ihnen die leise Hoffnung, das Kind sei schlecht in der Schule, weil es in Wirklichkeit hochbegabt sei. Es fällt ihnen unendlich schwer, das Kind so anzunehmen, wie es ist und seinen eigentlichen Wert fernab von Leistungsnachweisen anzuerkennen.

Diese Väter und Mütter waren oft selbst in mancher Hinsicht eine „Enttäuschung" für ihre Eltern. Zu schmerzlich sind vielleicht die Erinnerungen an eigene Defizite und an den allzu kritischen Blick der eigenen Eltern auf sie selbst, wenn das Kind in der Schule versagt. Vielleicht wurden sie selbst damals mit dem „falschen Geschlecht" geboren, waren keine Wunschkinder oder fühlten sich irgendwie schuldig, weil ein Geschwister krank war und sie selbst gesund geblieben sind. Vielleicht aber hat auch ihr eigenes Kind nicht das „gewünschte Geschlecht" oder irgendetwas an sich, was es den Eltern manchmal schwer macht, ihr Kind einfach so anzunehmen. Solche Hintergründe, die wortwörtlich „hintergründig" sind, manchmal ganz vergessen werden und im Unbewussten schlummern, können die Ursache dafür sein, dass der Blick ganz auf die Leistung in der Schule, im Sport oder Musikunterricht gerichtet ist.

Dort hätten die Eltern die Möglichkeit, wirklich stolz auf ihr Kind zu sein. Und dann sind Schamgefühle umso größer, wenn das Kind die Leistungserwartungen nicht erfüllt.

Lehrer und Eltern sollten nicht vergessen, dass unauffälliges Verhalten und gute Leistungen in der Schule nicht automatisch auf psychische Gesundheit schließen lassen. Gerade sehr angepasste Kinder können sich aufgrund innerer Nöte nach außen hin angepasst haben. Sie sind ruhig und pflegeleicht, eventuell aufgesetzt fröhlich, aber im Herzen doch unglücklich.

Das Leben besteht eben nicht nur aus Schule – und gesunde Schüler wissen das. Sie machen wichtige Entwicklungsschritte außerhalb der Schule: in der Freizeit, auf dem Sportplatz, mit Freunden. Es gibt jedoch Eltern, die sich nur schwer von ihrem Kind trennen können und jede Eigenbestrebung des Kindes als bedrohlichen Schritt von sich weg sehen. Die Kinder wiederum bemerken die unbewusste Angst der Eltern. Sie bleiben ihnen treu, indem sie kindlich-liebevoll bleiben und sich vor Entwicklungsschritten drücken.

Gesunde Schüler machen wichtige Entwicklungsschritte auch außerhalb der Schule.

Bei kleinen Kindern bleibt dann manchmal die Trotzphase aus, bei älteren Kindern späterhin das rebellische Verhalten in der Pubertät. Doch Lernen in der Schule ist „gefahrlos" und geht immer. So manche Kinder haben schließlich im Abitur eine „Eins", weil sie schlichtweg keine Freunde haben und sich kaum außerhalb der Schule bewegen. Da wachsen dann verschrobene kleine Professoren heran, die mit dem wahren Leben nichts anfangen können. Partnerschaften liegen ihnen mangels Vorerfahrungen später fern, einige dieser Kinder widmen ihr Leben später der Wissenschaft und können hier teilweise Geniales vollbringen. Für solch einen Lebensweg gibt es natürlich auch viele andere Gründe. Beispielsweise drücken sich auch Mädchen, die sexuell missbraucht wurden, manchmal vor Entwicklungsschritten. Sie wollen nicht sexuell attraktiv werden, gehen den Jungs aus dem Weg und beugen sich lieber über ihre Bücher.

Andere Kinder wiederum, die in der Schule „ADHS-verdächtig" sind oder sich sonst wie auffällig und problematisch verhalten, mögen ganz gesund und robust sein. Sie haben schlechte Noten, aber fühlen sich vital und frei. Ein vermeintlich auffälliges Verhalten spricht nicht immer für eine psychische Störung, genauso wie unauffälliges Verhalten nicht immer ein Zeichen für Gesundheit ist. Manch ein Schüler verhält sich gerade bei dem Lehrer am auffälligsten, zu dem er das größte Vertrauen hat. Um herauszufinden, wie sich ein Kind wirklich fühlt, reicht es nicht, seinen Intelligenzquotienten, die Schulnoten oder sein Verhalten anzuschauen. Man muss das Kind kennen, eine Beziehung zu ihm pflegen, mit ihm sprechen und es in seinem Spiel beobachten.

Der Einfluss der Lehrer auf die psychische Gesundheit

Besonders Lehrer an Hauptschulen haben eine tägliche, fast unvorstellbare Herausforderung vor sich. Es sitzen nicht einfach Kinder und Jugendliche vor ihnen, die lernen wollen. Diese Lehrer haben Kinder vor sich, die täglich innerlich kämpfen – mit ihrem geringen Selbstwertgefühl, mit Bildern, die sie nicht verkraften können, mit Langeweile oder Zorn. Viele dieser Kinder werden im späteren Leben süchtig und gewalttätig. Eigentlich benötigten gerade sie eine besondere Unterstützung in Kindergarten und Schule. In der Realität sind sie es jedoch, die hintenüberfallen. Wenn jede gebildete Familie die Patenschaft für ein Kind aus solch einer zerrütteten Familie übernehmen könnte, was wäre da möglich!

Diese Kinder brauchen dringend Vorbilder und Beziehungen zu zufriedenen Menschen, die sie beanspruchen und gebrauchen können. Was das Leben der Lehrer in der Hauptschule so besonders schwer macht, ist die Tatsache, dass sie ein Beziehungsangebot sondergleichen für die Kinder sind. Viele Kinder, die zu Hause Schlimmes erleben, können das „Böse" in sich selbst kaum aushalten und bringen es, wo immer sie können, nach außen. Sie sehen dann im Gegenüber einen bösen Feind. Sie können nicht über sich selbst nachdenken und halten auf einmal ihr Gegenüber für den Bösen. Sie werfen dem Lehrer vor, er hätte sie angegriffen, er würde sie hassen oder zu viel von ihnen fordern.

So manches Kind spielt unbewusst mit dem Lehrer auch nach, was bei ihm zu Hause passiert. Es provoziert, ärgert und verwickelt den Lehrer so lange, bis er laut wird und „böse" reagiert – ganz so, wie es das Kind von zu Hause gewohnt ist. Das Kind kann darüber nicht reden. Es kann nur in Szene setzen, wie es ihm gerade geht. Es zerrt am Lehrer und geht eine Beziehung mit ihm ein, die ihm vertraut ist. Zwar ist es eine ungute Beziehung, aber immerhin eine vertraute. Auf diesem Terrain fühlt sich das Kind auf seine Art wohl.

Kinder spielen unbewusst mit dem Lehrer nach, was zu Hause passiert.

Daher zeigen auch Streitschlichtungstrainings oft nur wenig Effekt. Zwar bieten sie dem Kind neue Ideen und Vorbilder, doch solange die Kinder auf Inszenierungen angewiesen sind, um sich zu entlasten, sind die Trainings nur bedingt fruchtbar. Die Kinder haben oft Eltern, denen Worte und Einfühlungsvermögen fehlen. Daher finden sie für ihre inneren Zustände, auch „mentale Zustände" genannt, keinen Namen. Es ist also nicht verwunderlich, dass sie sich auch in andere manchmal nicht hineinversetzen können. Diese Kinder haben gelernt, ihren eigenen Schmerz „tot zu machen" und halten andere für ebenfalls schmerzunempfindlich. Im Winter sieht man oft, dass die Kinder nicht warm genug angezogen sind. Doch es ist frappierend: Sie frieren oftmals wirklich nicht. Es fehlt ihnen nicht nur an jeglichem Einfühlungsvermögen für andere, sondern auch an einem gesunden Gefühl für sich selbst.

Wenn das Kind den Lehrer so provoziert hat, dass er wütend reagiert, fühlt es sich erleichtert. Denn seine eigene Wut ist nun „draußen", sie ist beim Lehrer. Dann hat das Kind auf einmal das Gefühl, seine Wut kontrollieren zu können. Es kann zum Beispiel den Lehrer wieder gnädig stimmen und so den Zorn bändigen. Für diese Kinder ist es enorm wichtig, dass ihre Bezugsperson – also hier der Lehrer – anwesend ist. Sobald die Kinder keine Gelegenheit mehr haben, ihre negativen Gefühle auf andere abzuladen, fühlen sie sich unerträglich angespannt. Sie haben in der Fantasie keinen Spielraum und keine Worte, um über sich nachzudenken und mit ihren Spannungen umzugehen. So passiert es dann auch, dass manche Kinder sich „ritzen", also mit einem Messer selbst beschädigen. Wenn sie dann den körperlichen Schmerz spüren, haben sie das Gefühl, wieder lebendig zu sein. Den psychischen Schmerz haben sie in einen körperlichen, fassbaren Schmerz umgewandelt.

Lehrer, denen solche Mechanismen zumindest theoretisch bekannt sind, sind gelassener, denn sie haben ein Bild davon, was da eigentlich passiert. Die regelmäßige Supervision der Lehrer kann ein wunderbares Mittel sein, um problematische Situationen in der Schule zu entspannen. Denn in der pädagogischen Ausbildung werden solche Zusammenhänge kaum gelehrt, obwohl Szenen der Provokation das tägliche Brot von Lehrern sind.

Widerstandskraft schützt die Seele

Manche Menschen sind psychisch unglaublich widerstandsfähig. Psychologen bezeichnen diese Widerstandskraft als „Resilienz". Menschen mit einer großen Widerstandskraft können Lebenskrisen gut überwinden, obwohl sie vielleicht schon viele psychische Verletzungen erlebt haben. Manchmal werden Opfer von Verbrechen im Fernsehen interviewt, wo wir nur denken können: Wie konnten die das überstehen? Andere Menschen wiederum zerbrechen an den kleinsten Problemen des Alltags, obwohl sie scheinbar eine behütete Kindheit hatten und jetzt ein bequemes Leben führen.

Glücklich können sich die Kinder schätzen, die diesen unsichtbaren Schutzschild mit sich herumtragen. Sie haben die Widerstandskraft durch ihre Eltern oder andere Bezugspersonen erlangt. Eine gute Mutter-Kind-Bindung in den ersten Lebensjahren ist sicher die beste Schutzhülle, die ein Kind für seinen Lebensweg mitbekommen kann. Allerdings gibt es auch Menschen, die in der Kindheit schwere Traumen erlitten haben, dabei nicht auf die Eltern zurückgreifen konnten und dennoch gesund geblieben sind. Zu verdanken ist das meistens anderen Beziehungen, auf die sich die Kinder verlassen konnten. Eine einzige verlässliche Bindung zu einer anderen Person im näheren Umfeld kann bewirken, dass das Kind trotz schwierigster Umstände psychisch gesund bleibt. Auch die Fähigkeit, über sein eigenes Schicksal nachdenken zu können und die Worte für den eigenen psychischen Zustand zu finden, ist anscheinend ein wichtiger Faktor, um gesund zu bleiben.

Daher tun Eltern gut daran, ihren Kindern so viele Beziehungen wie möglich anzubieten. Selbst, wenn sich die Eltern mit ihren eigenen Verwandten nicht so gut verstehen, ist es sinnvoll, dem Kind den Kontakt mit seiner Familie zu ermöglichen, damit es sich selbst ein Bild davon machen kann. Die typische „böse Schwiegermutter" wird vielleicht für das Kind neben den Eltern zur wichtigsten Bezugsperson in seinem Leben. Es kann Eltern sehr viel Überwindung kosten, solche Beziehungen zu fördern. Doch das Kind wird es ihnen danken. Auch Cousinen, Cousins, Babysitter, Nachbarn oder die Musikschullehrerin können für das Kind wichtige Anker im Leben sein.

Kinder brauchen möglichst viele Beziehungen zu Verwandten, Freunden, Nachbarn.

Um herauszufinden, warum manche Menschen so widerstandsfähig gegenüber schlimmen Erlebnissen sind, beschäftigt sich die Resilienzforschung unter anderem mit den Menschen, die im zweiten Weltkrieg geboren und groß geworden sind. Vielen geht es heute gut, andere haben immer noch mit ihren Kindheitserinnerungen zu kämpfen. Ihre Kinder werfen ihnen vielfach vor, wenig empathische Eltern gewesen zu sein. Doch kann man das diesen Eltern vorwerfen? Hatten sie doch selbst oft nicht gelernt, sich mit ihren Gefühlen zu beschäftigen, und mangelte es ihnen selbst doch an der Möglichkeit, sich emotional gut zu entwickeln. Denn im Krieg ging es in erster Linie darum, zu überleben. Flucht, Verlusterlebnisse, Hungersnot und vieles mehr ließen keinen Raum, um an andere Dinge als das Überleben zu denken. Viele Eltern in Kriegszeiten konnten sich nicht um emotionale Belange und Nöte ihrer Kinder kümmern. Die normale emotionale Entwicklung in der Kindheit kam zu kurz.

Auch als der Krieg längst vorüber war, gab es zunächst kaum Platz für die Beschäftigung mit Gefühlen. Die „Tätergeneration" war oftmals damit beschäftigt, ihre Schuldgefühle und Fassungslosigkeit zu bearbeiten, die „Opfer" mussten mit unsäglichem Leid fertig werden. Psychologische Untersuchungen über „Täterkinder" und „Opferkinder" haben gezeigt, dass die Kinder beider Seiten mit ähnlichen psychischen Problemen zu kämpfen haben. Die Eltern waren für ihre Kinder in dieser schweren Zeit oft nicht so verfügbar, wie es für die Kinder nötig gewesen wäre. Die Folgen schwerer Erlebnisse tragen sich fort bis ins „dritte Glied", so heißt es. Und da sind wir heute angekommen.

Die Enkel der Kriegsgeneration haben jetzt Kinder und diese Kinder haben nun das Glück, dass man sich um sie kümmert und danach fragt, was sie brauchen – nicht nur materiell, sondern auch emotional.

Für die meisten Kinder hierzulande ist es heute selbstverständlich, zusammen mit den Eltern geschützt in einer eigenen Wohnung oder in einem Haus zu leben. Dieser

Schutzraum, der in unseren Zeiten normalerweise nicht bedroht wird, hat eine enorm große Bedeutung für die eigene seelische Gesundheit. Wer schon einmal gesehen hat, wie ein Wohnhaus abbrennt, der spürt das Unbehagen bis in die Fingerspitzen. Es reicht oft schon, wenn nach einem Unwetter der Keller unter Wasser steht, um sich wieder bewusst zu machen, wie wahr der Ausspruch „My home is my castle" ist.

Schon kleine Kinder malen ein Haus, um widerzuspiegeln, wie es ihnen geht. Sie bauen mit Vorliebe Höhlen und entscheiden genüsslich darüber, wen sie hereinlassen und wen nicht. Das Haus ist ein geschützter Ort, an dem „alles erlaubt" ist. Hier kann man sich zurückziehen, hier darf man sich freuen **Die eigene Wohnung oder das Haus ist auch ein Bild für die Psyche des Menschen.** oder weinen, hier gibt es die Möglichkeit, in Ruhe zu schlafen oder zu essen. Die Rolle des geschützten Hauses ist bei der Ausbildung der Resilienz nicht zu unterschätzen.

Dennoch scheint die Zahl der Menschen mit psychischen Problemen anzusteigen. Dieser Eindruck ist unter anderem darauf zurückzuführen, dass die Gesellschaft offener für das Thema geworden ist. Dadurch fallen Menschen mit psychischen Störungen eher auf und es kann zunehmend leichter darüber gesprochen werden. Erkrankungen wie Depressionen oder das Erschöpfungssyndrom (Burn-out) sind bereits gesellschaftlich anerkannt. Außerdem ist auf dem Forschungsgebiet „Psyche" enorm viel Wissen hinzugekommen. Erst jetzt haben wir die Muße, uns um dieses Thema zu kümmern. Und das spiegelt sich in den öffentlichen Diskussionen um Kindergartenplätze und psychische Störungen wie das Aufmerksamkeitsdefizit-Syndrom wider. Ähnlich wie der damaligen Kriegsgeneration mag es heute vielen Kindern mit Migrationshintergrund gehen. Viele Eltern haben bei materiellen, finanziellen oder politischen Sorgen sicher nicht den Kopf frei, sich um emotionale Belange der Kinder zu kümmern. Diese Menschen sind hier nicht nur „Ausländer", sondern haben auch noch damit zu kämpfen, den Anschluss zu finden. Sie plagen sich mit den Folgen der Entwurzelung, haben andere Familienmitglieder zurückgelassen und leiden unter Heimweh. Typische psychosomatische Erkrankungen wie beispielsweise das Magengeschwür lassen sich bei diesen Menschen recht häufig finden. Über alle diese Probleme hinaus müssen Migranten zunächst die neue Sprache erlernen, Ämter aufsuchen und sich dann auch noch darum bemühen, Bildungsangebote wahrzunehmen. Für viele eine fast unlösbare Aufgabe, vor allem für diejenigen, die nicht aus Akademikerfamilien stammen, sondern bereits in der Heimat nicht die Möglichkeit hatten, einen höheren Bildungsgrad zu erlangen.

Die Entwicklung in den ersten vier Lebensjahren

Das Gehirn des Ungeborenen

Das kindliche Gehirn ist ein zartes Pflänzchen. Wie gut es gedeiht, ist nicht nur eine Frage von gesunden biologischen Voraussetzungen. Es ist auch stark abhängig von den äußeren Bedingungen, die es vorfindet und vor allem von den Bindungen, die das Kind zu anderen Menschen aufbauen wird. Die Bedeutung der Bindungen auf die Hirnentwicklung ist anscheinend größer als noch vor Jahren angenommen – das zeigen jedenfalls zahlreiche Tierexperimente. Neugeborene Ratten beispielsweise, die in Experimenten mehrfach und lange von der Mutter getrennt wurden, bilden ihr Gehirn längst nicht so gut

Das kindliche Gehirn entwickelt sich besser, wenn das Kind immer bei der Mutter bleiben kann.

aus wie solche, die immer bei der Mutter bleiben durften. Bei den vernachlässigten Ratten bilden sich zum einen weniger Nervenzellen aus, zum anderen sterben auch mehr Nervenzellen ab als bei den „glücklichen" Ratten. Viele Experten halten es bis heute für ein biologisches Schicksal, wenn wichtige Gehirngebiete nur unzureichend ausgebildet sind. Doch es mehren sich die Hinweise darauf, dass sich das Gehirn ohne verlässliche Bindungen schlechter ausbildet als bei dauerhaften, guten Kontakten. Die Gehirnstrukturen sind dann nicht aufgrund „schlechter Gene" nur wenig ausgebildet, sondern aufgrund unzureichender, gesunder Reize von außen.

Im Alter von sechs Jahren hat das Gehirn des Kindes die höchste Anzahl an Nervenzellfortsätzen. Diese Fortsätze verbinden sich mit anderen Nervenzellen in Abhängigkeit davon, was das Kind erlebt und lernt. Unter anderem sind deshalb die Erlebnisse und Kenntnisse, die wir in der Kindheit erfahren und erworben haben, von Dauer. Der Neurobiologe Gerald Hüther spricht von „nutzungsabhängigen" Verschaltungen zwischen den Nervenzellen. Das bedeutet: Abhängig von dem, was einem Kind wiederholt geboten wird und was es oft erlebt, bildet das Gehirn seine Verbindungen zwischen den Nervenzellen aus. Diese Verbindungen bestimmen später unter anderem die Gefühle und das Verhalten des Erwachsenen. Ratten, die als Babys vernachlässigt wurden, zeigen als ausgewachsene Tiere schon bei kleinsten Belastungen hohe Stressreaktionen.

Doch was bedeuten diese Ergebnisse, wenn man sie auf den Menschen überträgt? Muss ein Kind, das unter schwierigsten Bedingungen aufwuchs und schwach ausgebildete Nervenstraßen im Gehirn hat, an seinem Schicksal verzweifeln? Nein, das muss es nicht. Denn das Gehirn entwickelt sich ein Leben lang und ist viel flexibler, als früher gedacht. Zwar bilden sich beim Erwachsenen keine neuen Nervenzellen mehr aus, doch die Verbindungen und Verschaltungen zwischen den Zellen können sich ändern. Wer also als Kind Schlimmes erlebt hat und als Erwachsener bessere Erfahrungen machen kann, der wird auch neue Nervenstraßen ausbilden, die ihm sicherere Gefühle und ein reiferes Verhalten ermöglichen.

In den Diskussionen um das Für und Wider von Kindertagesstätten oder der Betreuung durch die Mutter geht es in diesem Zusammenhang oft heftig, aber dennoch oberflächlich zu. Aus entwicklungspsychologischer Sicht ist es wichtig, dass das Kleinkind genügend Erwachsene um sich herum hat, die ihm seine innere Welt organisieren. Die Kleinkinder können sich diese Orientierung nicht gegenseitig geben, weil sie jedem kleinen Kind naturgemäß noch fehlt.

Kinder benötigen für ihre Entwicklung sowohl Erwachsene als auch Kinder.

Natürlich lernen die Kinder dennoch das eine oder andere voneinander und sie regen sich gegenseitig an. Besonders gut ist es, wenn bereits ältere Kinder mit den Kleinkindern zusammen sein können. „Kinder brauchen Kinder", sagen die Befürworter der Kindertagesstätten oft. Ja, unbestritten. Sie brauchen andere Kinder, aber gleichzeitig vor allem genügend Erwachsene. Denn sie sind darauf angewiesen, dass Erwachsene sie anschauen, ihre Gefühle spiegeln und sie beruhigen. Die Erwachsenen sind die Landkarte, nach der sich die Kinder richten können, und sie sind diejenigen, die die Kleinsten darin unterstützen, ihr Gehirn auszubilden.

Es ist unerlässlich, dass unsere Kinder genügend haltgebende Vorbilder um sich herum haben. Dabei ist es weniger wichtig, ob die engste Bezugsperson nun die Mutter, der Vater, die Oma oder die Kindergärtnerin ist. Es ist entscheidend, dass das Kind „genug" von dieser Person für sich hat. Denn Bindungen entstehen über die gemeinsame Zeit. Zusammengefasst kann man es so sagen: Kleine Kinder haben Interesse an anderen Kindern, solange haltgebende Erwachsene in ihrer Nähe sind. Sie sind jedoch schnell irritiert und verloren, wenn sie keine Erwachsenen um sich herum haben oder wenn sich die Bezugspersonen von ihnen entfernen. Daher ist es das Wichtigste, dass Kindertagesstätten zunächst mit Personal ausgestattet werden. Ob studiert oder nicht – in erster Linie sollte es sich dabei um liebevolle, mütterliche und väterliche Figuren handeln, die ein gutes Verständnis für die Belange der Kinder haben. Erst dann ist die Frage wichtig, ob der Boden ausreichend rutschfest oder die Spielzeugausstattung vielfältig genug ist.

Vom Miteinander vor der Geburt

Ein positiver Schwangerschaftstest löst in den meisten Frauen bereits ein Verbundenheitsgefühl mit dem kleinen „Zellhäuflein" oder dem „Würmchen" in ihnen aus. Fast jede Schwangere wendet sich regelmäßig in liebevoller

Weise ihrem Bauch zu, streichelt darüber und spricht mit dem Ungeborenen. Vielleicht gibt sie ihm schon früh einen Namen und spricht es damit an, vielleicht möchte sie jedoch auch ihrer Fantasie freien Lauf lassen und will das Geschlecht ihres Kindes bis zur Entbindung nicht kennen. Doch was findet eine werdende Mutter, die von sich aus genau das Richtige tut, in ihrer Umwelt vor?

Beim Frauenarzt wird sie immer wieder durch fragliche Befunde verunsichert. Allein schon eine relativ zurückhaltende Mitteilung des Frauenarztes, dass eine Schwangerschaft besteht, enttäuscht viele Frauen. Ärzte sind anfangs manchmal zurückhaltend, weil sie in ihrer Praxis häufig Fehlgeburten sehen. Dadurch, dass heute schon sehr früh eine Schwangerschaft festgestellt werden kann, erleben die Frauen auch öfter Fehlgeburten. Was in früheren Zeiten als „verspätete Regel" angesehen wurde, nehmen die Frauen heute bewusst als Abgang ihres befruchteten Eies wahr. Dennoch könnten viele Frauenärzte mehr Freude zeigen und Mut spenden.

Die schwangere Frau fühlt sich natürlicherweise von Beginn an für die Gesundheit ihres Kindes verantwortlich. Gerade weil die Medizin heute manchmal den Eindruck erweckt, alles sei machbar, fühlt sich die Frau auch für Dinge verantwortlich, die sie gar nicht beeinflussen kann. Musste die werdende Mutter sich früher nur „schonen", auf gesunde Ernährung und Ruhe achten, so plagt sie sich heute mit der Frage herum, ob sie eine Fruchtwasseruntersuchung machen lässt oder nicht. Der Frauenarzt hingegen überlegt, ob er sich juristisch ausreichend abgesichert, Befunde juristisch korrekt besprochen oder auf alle möglichen Untersuchen rechtzeitig hingewiesen hat. Je jünger die Schwangere und je geringer ihr Bildungsgrad, desto wahrscheinlicher ist es, dass ihr fragliche medizinische oder chirurgische Eingriffe aufgebürdet werden. Diese Frauen haben noch nicht genug Abstand, um Äußerungen des Arztes kritisch zu hinterfragen, sich eine zweite Meinung einzuholen oder stärker auf ihre Wünsche und Vorstellungen zu schauen.

Technisch überbemuttert, fühlen sich viele Schwangere emotional alleingelassen. Viele haben das Glück, bei einer erfahrenen Hebamme Hilfe zu finden, um ihre Schwangerschaft in Ruhe genießen zu können. Andere geraten an eine schulmedizinisch geprägte, noch unerfahrene Hebamme, welche sämtliche technischen Möglichkeiten nur unterstützt. Sicher, jede Frau kann über die Art, wie sie sich in der Schwangerschaft betreuen lässt, selbst entscheiden. Unsere medizinischen Möglichkeiten sind ohne Frage ein unschätzbares Gut. Doch manchmal muss das Mittelmaß noch gefunden werden. Mütter, die auf keinen Fall Schuld auf sich nehmen wollen, verursachen sich selbst und ihrem Kind unnötigen Stress.

Viele Untersuchungen bringen nicht die erwartete Beruhigung, sondern schüren weitere Ängste.

Nachdem sich viele Frauen über Wochen Sorgen wegen eines fraglichen Befundes gemacht haben, bekommen die meisten dann doch ein gesundes Baby. Kaum jemand fragt danach, welchen Einfluss die Zeit des Kummers auf die Entwicklung des Babys hatte. Ähnlich geht es Frauen, die bereits einmal oder schon öfter eine Fehlgeburt erlitten haben. Da wird geschaut auf Keime und Hormone, doch selten weisen die Ärzte auf das Vorgehen namens „Tender loving care" hin. Mithilfe dieses Konzeptes, das aus emotionaler Unterstützung, psychologischer Begleitung, Wärme und Ruhe besteht, können nach Angaben der Autoren B. und S. Stray-Petersen Schwangerschaften gut erhalten werden.

Das Gehaltenwerden der Schwangeren hat genauso einen großen Einfluss auf das Gedeihen des Ungeborenen wie die Einstellung der Mutter selbst. Das Baby im Mutterleib bekommt bereits einiges von seiner Umwelt mit. Es erlebt Streitereien der Eltern und erfährt hautnah, wenn die Mutter einen schnelleren, Puls, eine höhere Stimme oder aufgeregtere Atmung bekommt. Die meisten Mütter wissen das und haben manchmal die Sorge, ihr Ungeborenes könnte zu viel von ihren Nöten miterleben. Viele verfallen dann in eine Art „Entspannungsstress", weil sie denken: „Ich muss doch entspannt sein, damit das Kind gut gedeiht." Ja, aber auch hier gibt es wieder zwei Seiten. Einerseits bekommt

Eine gesunde Portion Frust und Stress fördert das Baby genauso wie die Entspannung.

das Kind schon vieles mit, andererseits war das Leben seit Jahrtausenden noch nie ein Pappenstiel, besonders nicht in der Schwangerschaft. Der natürliche Wechsel zwischen Wohlbefinden und Problembewältigung ist das, womit das Kind auch in Zukunft aufwachsen wird. Die Kinder im Mutterleib sind auch gut geschützt und abgeschirmt. Sie bekommen etwas mit, doch nicht jeder Stress dringt sofort zum Kind durch. Die Mutter darf auch davon ausgehen, dass ein Reizschutz besteht und dass sie sich ruhig einmal auf einen Streit mit dem Partner oder Arbeitgeber einlassen darf, ohne dass das Kind direkt Schaden nimmt.

Gegen Ende der Schwangerschaft werden medizinische Vorsorgemaßnahmen oft noch einmal verschärft. Überängstlich wird beispielsweise auf den Blutdruck geschaut. Ein Bluthochdruck am Ende der Schwangerschaft kann in eine gefährliche Erkrankung namens „Eklampsie" münden. Solch eine Erkrankung muss erkannt werden, weil das lebensrettend sein kann. Jedoch wird das Kind mit dem Bade ausgeschüttet, wenn bei erhöhten Blutdruckwerten die Mutter in Panik versetzt wird. Bluthochdruck ist auch eine Sache der Psyche. Die schwangere Frau, die ängstlich mit der Arzthelferin das Blutdruckmessgerät beäugt, wird wiederholt verunsichert.

Dabei haben manche Frauen nur in der Praxis bei der Blutdruckmessung durch medizinisches Personal einen erhöhten Druck. Hier sprechen Mediziner auch vom „Weißkitteleffekt". In so einem Fall kann die Frau, wenn sie möchte, einen Kompromiss eingehen: Sie lässt sich nicht mehr in der Praxis den Blutdruck messen, sondern zu Hause von der Hebamme. Oder sie geht in die Stadt, setzt sich in ein schönes Café und lässt sich danach in ihrer Lieblingsapotheke den Blutdruck messen.

Ähnlich verhält es sich beim Zuckertest. Manchen Frauen wird ein Schwangerschaftsdiabetes attestiert und dann stellt sich heraus, dass es ein Fehlalarm war. Allein der Zuckertest beim Frauenarzt ist für viele Schwangere eine besondere Belastung, weil sie stundenlang vorher nüchtern bleiben müssen. Der Zuckertest ist eine gute Sache. Doch sollten die Frauen nicht so sehr in die Ecke gedrängt werden, wenn sie ihn nicht durchführen lassen möchten. Schwangerschaft sollte zwar nicht „blind" vonstatten gehen, aber es ist doch auch eine Zeit der Ruhe und der „guten Hoffnung". Das Gleichgewicht zwischen Verantwortungsbewusstsein und Nicht-hinschauen-Wollen zu finden ist nicht immer leicht. Im Falle des Zuckertests kann es beispielsweise genügen, sich in ein Café zu setzen, eine schöne Sahnetorte zu essen und sich danach in einer Apotheke den Blutzucker messen zu lassen. So hat die Schwangere zusammen mit ihrem Ungeborenen Sonnenschein und Kuchen abbekommen und dennoch einen Anhaltspunkt – auch wenn es natürlich nicht dasselbe ist wie ein kontrol-

> **Wenn eine Schwangere in Ruhe gelassen werden will, dann sollte der Frauenarzt das respektieren.**

lierter Zuckertest in einer Frauenarztpraxis. Aber es könnte ein Kompromiss sein.

Gegen Ende der Schwangerschaft stehen die nächsten „Bedrohungen" vor der Tür: Vorzeitige Wehen, weicher Muttermund oder eine verkalkte Plazenta. Die Mutter wird schon wieder aufgeschreckt. „Ihre Plazenta ist verkalkt", sagt der Arzt mit einem kritischen Blick. Die Frau stellt sich vor, wie ihre schönen Gefäße langsam brüchig werden und mit weißem Kalk bedeckt sind, wie die Waschmaschinenrohre in einem bekannten Werbespot. Manche Frauen fühlen sich dann irgendwie unzulänglich, ihr Kind gut zu versorgen. Das Vertrauen in ihren Körper verringert sich.

Erstaunlicherweise gibt es bei den überbesorgten Müttern eher Komplikationen bei der Geburt.

Dabei ist die Plazenta von Natur aus ein vergängliches Organ. Sie wird am Ende schwach und verkalkt, weil die Zeit der Schwangerschaft beendet ist. Das gehört dazu und bei den meisten ist das Ausmaß der Verkalkung eben nicht so groß, dass sie sich ernsthaft Sorgen machen müssten. Doch die Worte des Arztes hallen der Frau in beunruhigender Weise nach.

Bei der Entbindung geht das Drama dann oft weiter. Immer noch gehen in Deutschland die meisten Frauen ins Krankenhaus. Sind sie sehr besorgt, reicht auch nicht ein normales Krankenhaus, sondern es muss eine Kinderklinik angeschlossen sein. Mütter, die alles perfekt machen wollen, achten sogar noch darauf, dass die Kinderklinik auf

Neugeborene spezialisiert ist. Schwangere Ärztinnen und Privatpatientinnen erleben nicht selten die schwierigsten Geburten. Sie sind emotional nicht gut genug auf die Entbindung vorbereitet worden. Es fehlt ihnen an Selbstbewusstsein, ihre Geburt selbst zu meistern, weil die technische Seite angeblich mehr wiegt und der Arzt scheinbar genauer weiß, was für Mutter und Kind gut ist.

Im Krankenhaus wird dann bei einem „zu langsamen" Geburtsbeginn die Wehentätigkeit mit Medikamenten gefördert, anstatt die Frau einfach eine Weile in Ruhe zu lassen. Sind die Wehen dann durch die Medikamente zu heftig geworden, werden sie durch weitere Mittel wieder gestoppt. Die Frau bekommt eventuell eine Periduralanästhesie (PDA), weil Ärzte oder auch die Gebärende die Einstellung haben, dass heute niemand mehr unnötig Schmerzen erleiden muss. Doch es gibt Schmerzen, die sind sinnvoll. Und Wehen gehören dazu.

Oft wird jetzt die Entbindung richtig kompliziert. Durch die PDA lässt die Wehentätigkeit nach, das Kind droht „steckenzubleiben" und der Notkaiserschnitt erfolgt. Hinterher denkt die Mutter: „Gut, dass es den Kaiserschnitt gibt – allein hätte ich das nicht geschafft." Doch sie bedenkt nicht, dass ohne die Vorgeschichte im Krankenhaus vielleicht gar kein Kaiserschnitt notwendig geworden wäre. Hätte sich die Frau in Ruhe in ihre „Höhle" zurückziehen dürfen, dann wäre das Kind sehr wahrscheinlich von ganz alleine gekommen. Unter Schmerzen zwar, doch wenn das

Kind da ist, kann die Mutter ihren Gefühlen freien Lauf lassen. Sie hat weder Kopfschmerzen noch taube Beine von einer PDA, ist bei vollem Bewusstsein und erleichtert darüber, dass von einer Sekunde zur anderen das Leiden aufhört. Dieser Vorgang fördert die Bindung zum Kind. So kann sich die Mutter dem Kind ungestört zuwenden, sobald sie dazu bereit ist. Denn nach der Geburt braucht es einige Augenblicke, bis sich die Mutter vorsichtig dem Kind zuwendet. Wie schön ist es dann, wenn sie das frei und nicht behindert durch Medikamenteinwirkungen oder Kanülen in Rücken und Händen tun kann. Viele Frauen leiden lange nach dem Kaiserschnitt noch unter ihrer Erfahrung. Sie haben das Gefühl, eines natürlichen Erlebnisses beraubt worden zu sein.

Manche Mütter sind nach einem Kaiserschnitt unbewusst auch ärgerlich auf ihr Kind, das ihnen eine so schwierige Entbindung bereitet hat. Eine Frau, die unter Wehen möglicherweise „ärgerlich" auf das Kind ist, das ihr die Schmerzen bereitet, weiß wenige Minuten nach der Entbindung nichts mehr davon. Je mehr medizinische Eingriffe jedoch im Spiel sind, desto größer sind die „seelischen Nachwehen" bei der Mutter. Bei ihr kommt das Leiden danach.

Natürlich gibt es auch traumatische Erfahrungen unter einer natürlichen Geburt. Doch die Geschehnisse im Krankenhaus bleiben oft unreflektiert, obwohl hier vieles der Mutter-Kind-Bindung nicht sehr zuträglich ist.

Die meisten Frauen, die ihr Kind natürlich und aus eigener Kraft zur Welt bringen konnten, sind sehr stolz auf sich und ihr Baby. Auch der Vater empfindet Stolz über den gesunden Ablauf. Das stärkt das Vertrauen in die eigenen Kräfte und in die des Kindes.

Sobald das Kind im Krankenhaus geboren ist, geht es oft umständlich weiter. Ob es um das Stillen oder die Nabelpflege geht – unter Tausenden von Ratschlägen geht die Frau unter. Das Kind wird gewogen und die Milchmenge auf den Milliliter genau bemessen. Unter solchen Umständen geht vielen Frauen das Zutrauen in ihre Intuition verloren.

Doch es wird besser. Es gibt bereits viele stillfreundliche Krankenhäuser und auch die Geburtsräume sind inzwischen warm und einladend. Nun müsste nur noch mehr Ruhe einkehren. Viele Frauen entscheiden sich inzwischen für eine reine Vorsorgebetreuung von der Hebamme, im Geburtshaus oder zu einer kombinierten Vorsorge durch Frauenarzt und Hebamme. Sie akzeptieren, dass sich der Beginn des Lebens nicht auf allen Ebenen kontrollieren lässt – und verlieren dadurch viele Ängste.

Die Bedeutung der Mutter-Kind-Bindung

„Es war, als würde mein neugeborener Sohn mich lange und ernst anschauen und sich dabei denken: ‚Aha, das ist sie also – meine Mama. Von der Stimme her kenne ich sie ja schon. So sieht sie also aus.'" So hat mir eine Mutter ihr Erleben nach der Entbindung geschildert. Sobald ein Ungeborenes das Licht der Welt erblickt, nimmt es Kontakt zur Mutter auf. Es schaut sie unvermittelt an. Seine Stimme und gezielten Blicke erreichen sie und die meisten Mütter geben Antwort. Auch sie betrachten staunend ihr Baby und begrüßen es. Sie brauchen nicht darüber nachzudenken – ihre Antwort kommt auf ganz natürliche Weise.

Es gibt allerdings Mütter, die aus den verschiedensten Gründen bereits diese ersten Blicke des Kindes nicht aufnehmen und erwidern können. Das ist diesen Müttern jedoch meistens nicht bewusst. Sie spüren nur ein Unbehagen und eine Unbeholfenheit, manchmal auch eine Abneigung gegen ihr Baby. Häufig sind es Mütter mit einer Depression nach der Geburt (postpartale Depression). Mütter mit Depressionen, die sich mit ihrem Säugling in eine psychologische Behandlung begeben, sind im Laufe der Behandlung manchmal sehr betroffen darüber, wenn sie sehen, dass sie die Blicksuche ihres Säuglings häufig nicht erwidern. Wenn diese Mütter im Miteinander mit ihrem Säugling gefilmt werden und sich dann den Film anschauen, wird ihnen bewusst, dass sich ihnen das Kind von sich aus zuwendet und dass sie bisher zu sehr mit eigenen, irritierenden Gefühlen beschäftigt waren, um die Blicke des Kindes zu erwidern. Wird die Mutter im Laufe einer Therapie von ihrer Depression entlastet, dann verändert sich das Zusammenspiel zwischen Mutter und Kind in erstaunlicher Weise: Blicke werden intensiver ausgetauscht.

Das kleine Kind braucht die Mutter unbedingt, um sich selbst zu entdecken und kennenzulernen. Es braucht sie, um mit Spannungen wie Angst oder Schmerzen umzugehen. In der Regel kann niemand das Kind so gut beruhigen wie die Mutter. Berührungen der Mutter sind nachgewiesenermaßen schmerzlindernd. Eine gesunde emotionale Entwicklung und psychische Stabilität sind nur durch eine „ausreichend gute" Bindung möglich. Die Mutter sortiert die noch unsortierte Welt des Babys und hilft ihm, sich selbst zu steuern. Die Bindung von Mutter und Kind baut sich über die Zeit auf. Das Baby fühlt sich schließlich an die Person gebunden, welche die meiste Zeit mit ihm verbringt – egal, ob diese Person das Kind gut oder schlecht behandelt.

Der Säugling ist darauf angewiesen, dass die Mutter auf ihn reagiert.

Wenn Eltern sich ihrem Säugling zuwenden, tun sie das in einer besonderen Art: Sie heben ihre Stimme, ziehen die Augenbrauen hoch, spitzen ihren Mund und sehen dabei ziemlich belustigend aus. Säuglingsforscher sagen, dass die Eltern ihren Gesichtsausdruck „markieren". In allen Kulturen der Welt ist das so. Und schon Kinder im Alter von etwa vier Jahren markieren ebenfalls ihre Gesichtsausdrücke, wenn sie mit Säuglingen kommunizieren.

Dieses „Markieren" hilft dem Baby, einiges über sich selbst zu erfahren. Wenn der Säugling der Mama einen Gesichtsausdruck zeigt, dann bekommt er eine Antwort von ihr auf diesen Ausdruck. Gleichzeitig ist es eine Antwort auf seinen Erregungszustand. Die Mutter hält dem Säugling quasi einen Spiegel vor die Nase, der sagt: „Schau mal, so ein Gesicht machst du jetzt und ich verstehe, was du damit meinst." Zunächst ist das Baby sich nicht bewusst darüber, was es fühlt. Der Säugling merkt nur, dass sich Wut anders anfühlt als Freude, dass ein Gefühl unangenehm ist und das nächste Gefühl angenehm. Er sieht im Gesicht der Mutter, dass seine Gefühle gespiegelt werden. Er erkennt, dass die Mama ihre Gesichtsausdrücke übertreibt, also „markiert". Dabei wird ganz klar: Die Mutter zeigt dem Baby mit übertriebener Miene das, was das Baby gerade fühlt und nicht das, was die Mutter empfindet. Das bemerkt der Säugling und trennt die Mimik quasi von der „Person Mutter" ab.

Das Baby sieht jedoch nicht nur, dass die Mimik der Mutter übertrieben ist, sondern es begreift auch, dass Mamas Gesichtsausdruck etwas mit ihm zu tun hat. Es bezieht die Mimik auf sich selbst. Dadurch bekommt das Baby eine Ahnung und ein Bild von seinen eigenen Gefühlen, die ihm später einmal bewusst werden.

Eine Mutter und ihr neugeborenes Baby sind auf ganz besondere Weise miteinander verbunden – ähnlich wie Verliebte. Die meisten Mütter halten ihr Kind für das schönste der Welt, und auch die meisten kleinen Kinder finden ihre Mutter wunderschön. In bildgebenden Verfahren konnten Forscher zeigen, dass während dieser engen

Bindung das System im Gehirn, das Menschen bewertet, geschwächt ist. Erst später, wenn die Kinder eigenständiger werden, nimmt die Fähigkeit, die Eltern auch kritisch zu sehen, zu. Ernst für die Eltern wird es dann mit der Pubertät, wenn die Kinder reif genug sind, um sich zu lösen. Dann setzt das „Nachdenksystem" im Gehirn mit voller Kraft ein: Die Eltern werden kritisch beäugt – sehr kritisch. Sie werden sogar lästig. Doch all das gehört zu einer gesunden Bindung, Entwicklung und Loslösung dazu.

Der englische Psychoanalytiker John Bowlby und die amerikanische Entwicklungspsychologin Mary Ainsworth erforschten über viele Jahre das Bindungsverhalten von Mutter und Kind. Zusammen entwickelten die beiden Forscher die sogenannte „Bindungstheorie". Bowlby hatte im Auftrag der Weltgesundheitsorganisation bereits am Ende des Zweiten Weltkrieges erforscht, was mit den Kindern passierte, die im Krieg ihre Eltern verloren hatten. Er kam zu dem Ergebnis, dass traumatische Trennungserfahrungen in der Kindheit psychische Störungen im Erwachsenenalter bewirken können.

Die Bindung zu den Eltern bestimmt weite Teile unseres Lebens, weil wir die Art dieser Beziehung verinnerlichen.

Wer in verzweifelten Situationen als Kind von den Eltern Verständnis bekommen hat, der erwartet auch als Erwachsener Verständnis von anderen. Er muss darüber nicht nachdenken, es ist eine innere Gewissheit, eine Grundannahme. Wer nicht mit Verständnis rechnen konnte, der wird als Erwachsener auch annehmen, dass andere ihm überwiegend mit Unverständnis begegnen.

Ein Mensch, der von Beginn an eine gute Bindung zu seinen Eltern hatte, der kann seine Gedanken und Gefühle mitteilen. Weil er es sich getraut und auch, weil er die Worte dazu findet. Wir alle mussten den Umgang mit unseren Gefühlen erst lernen – und es bleibt ein lebenslanger Prozess. Genauso, wie Kinder Farben lernen und irgendwann wissen: „Das ist rot und das ist blau", so müssen sie die Worte finden, um ihre Gefühle zu beschreiben und irgendwann sagen zu können: „Ich bin wütend und ich bin neidisch." Bevor wir das Gefühl benennen können, müssen wir es jedoch erst einmal wahrnehmen. Diese Dinge lernen wir mithilfe der Eltern in einer guten Bindung.

> **Wenn Eltern sich selbst als Eltern anerkennen und respektieren, werden sie auch vom Kind geachtet.**

Eltern sollten sich dabei immer klar machen, dass sie die Eltern sind. Es geht nicht, dass sie die „besten Freunde" des Kindes werden. Die Eltern sind die Eltern und auf eine Art immer die Erfahreneren und Weiseren. Nur, wenn sie sich dessen bewusst sind und auch so fühlen, können sie Krisensituationen und Auseinandersetzungen mit dem Kind zufriedenstellend bewältigen.

Doch wir alle haben unsere Schwächen. Es kommt immer wieder vor, dass Eltern ihre Kinder zum Trost, zur Selbstbestätigung oder als Partnerersatz brauchen. Wichtig ist es dann, innezuhalten und aufzuhorchen. Eltern sollten bemerken, wenn gerade so etwas passiert und versuchen, wieder auf die Elternebene zu finden. Nur so kann das Kind sie auch wirklich ernst nehmen.

Dies alles trägt zur seelischen Gesundheit bei. Doch wieder sei gesagt, dass es das Perfekte in keiner Familie gibt. Es kann immer nur von einer „ausreichend guten" Bindung die Rede sein. Jedes Kind erlebt auch bei noch so guten Eltern seine Verletzungen. Doch jedes Kind kann auch später im Leben noch sogenannte „korrigierende Beziehungserfahrungen" machen, sodass Entwicklung und Korrekturen immer möglich sind. Es reicht, wenn das Kind irgendwann die Erfahrung macht, dass es auch anders als bei den Eltern geht.

> **Jedes Kind erlebt auch bei noch so guten Eltern seine Verletzungen.**

Allein schon die Vorstellung darüber, wie neue Wege aussehen könnten, ist ein wertvoller Entwicklungsschritt. Besonders in einer Psychotherapie finden Erwachsene, die als Kinder nicht gesegnet waren mit einfühlsamen Eltern, viel Raum, um neue und bessere Erfahrungen zu machen. Das bewirkt, dass Erwachsene, die bisher immer große Beziehungsschwierigkeiten hatten, auch im Nachhinein noch fähig werden, ihre Beziehungen zufriedenstellend zu gestalten.

Die hohe Kunst der Beruhigung

Wie schön ist es, endlich sein Baby in den Armen zu halten. Und wie wunderbar, wenn man mit ihm zu Hause ankommt. Die neue Familie in den eigenen vier Wänden. Aufatmen. Vater und Mutter machen erste Erfahrungen mit dem neuen Erdenbürger. Der ist in den ersten Tagen meistens noch sehr pflegeleicht, abgesehen vielleicht von seinem enormen Hunger. Sind Mutter und Kind gut aufeinander abgestimmt, kann diese Anfangszeit sehr harmonisch sein, wenn nicht gerade Brustwarzenentzündungen oder Wundschmerzen die Freude am Wochenbett trüben. Manchmal sind die Eltern noch etwas unbeholfen. Wickeln und Stillen können anfangs eine Herausforderung sein. Die meisten Eltern lernen jedoch schnell und können sich gut mit dem Baby verständigen. Doch es kann auch passieren, dass Mutter und Kind des Öfteren „aneinander vorbei reden". Das macht nervös. Das Kind wird unruhig, schreit zunehmend und die Mutter bemerkt, dass sie ihr Kleines nicht so gut beruhigen kann, wie sie es eigentlich angenommen hatte. In der ersten Zeit ist die Mutter noch zuversichtlich, doch bald entsteht eine Situation, die für alle Beteiligten sehr schwierig ist: Das Kind lässt sich nicht mehr beruhigen, leidet unter Bauchkrämpfen und schläft wenig. Die Kinderpsychologin Mechthild Papousek hat die Begriffe „Engelskreis" und „Teufelskreis" geprägt, die sich bei den Versuchen, ein Baby zu beruhigen, entwickeln können.

Ein typischer Engelskreis sieht beispielsweise so aus: Ein Kind schreit, die Mutter geht hin, um es zu beruhigen. Das Kind schmiegt sich an, die Mutter freut sich, dass ihre Beruhigungsversuche gelingen. Sie fühlt sich fähig, ihrem Kind Beruhigung zu schenken. Sie legt es möglicherweise an die Brust, das Kind trinkt und schläft ein. Oder sie legt es ins Bettchen, lässt es eine Weile gelassen „meckern" und bemerkt dann, dass es eingeschlafen ist.

> **Bei den Versuchen, ein Baby zu beruhigen, können sich „Engelskreise" und „Teufelskreise" entwickeln.**

Wenn ihr Baby das nächste Mal weint, geht sie mit gewachsener Zuversicht und Gelassenheit daran. Sie weiß, dass sie wirkungsvoll ist und dass sie schnell erraten kann, was dem Kind fehlt, um es dann zu beruhigen.

Bei einem Teufelskreis ist es umgekehrt: Das Kind schreit, die Mutter geht noch mit einem sicheren Gefühl zum Kind hin, hebt es hoch und will es beruhigen. Doch das Baby stemmt sich weg, rudert wild mit den Ärmchen und schreit noch mehr. Es windet sich in den Armen der Mutter. Zunächst bleibt die Mutter ruhig, doch wenn das Kind sich auch nach langer Zeit nicht beruhigen lässt und sich diese Szenen wiederholen, dann entsteht ein Kreis der Missverständnisse und Verzweiflung. Die Mutter will mit der Zeit verhindern, dass ihr Kind schreit aus der Angst heraus, es nicht beruhigen zu können. Dabei verausgabt sie sich regelrecht und hat bereits in den Zeiten, in denen das Kind ruhig ist, ihren Stress. Wenn das Baby dann wieder schreit, lässt es sich erneut kaum beruhigen und die Mutter fühlt sich von Mal zu Mal unfähiger. Doch wie kann ein solcher Kreis zustande kommen?

Zum einen gibt es Kinder, die sich einfach schlecht beruhigen lassen. Ein Kind, das ein lebhaftes Temperament hat und zugleich eine eher ruhige Mutter, die wenig Anregung gibt, „passen" manchmal nicht so gut zusammen. Ebenso gibt es gemütliche Babys, die sich von einer hektischen, überengagierten Mutter überfordert fühlen. Die Beziehung zwischen Mutter und Kind hängt davon ab, wie die Temperamente zusammenwirken und welche Einstellungen die Mutter hat, mit denen sie auf das Kind zugeht.

Natürliche körperliche Anpassungsschwierigkeiten des Kindes auf die Umwelt tun ihr Übriges. Manche Mutter kann ihrem Baby nur schwerlich dabei helfen, diese Schwierigkeiten zu überwinden. Des Weiteren gibt es Kinder, aus denen man schlecht „lesen" kann. Sie zeigen nur undeutlich, was ihnen fehlt oder was ihnen guttut. Müdigkeit oder Hunger bringen sie nur schwach oder erst spät zum Ausdruck. Die Zeichen, die diese Kinder setzen, sind nicht so eindeutig wie vielleicht bei anderen Kindern.

Auf der anderen Seite gibt es Eltern, die die Zeichen ihrer Kinder nicht gut deuten können. Sie haben vielleicht größere Schwierigkeiten, „im Kind zu lesen". Doch das können Eltern ändern. Beispielsweise helfen die Therapeuten einer Schreibabyambulanz den Eltern dabei, die Zeichen ihres Kindes besser zu verstehen und Missverständnisse auszuräumen. Solche Ambulanzen gibt es bereits in vielen Kliniken. Adressen liefert beispielsweise die Gesellschaft für seelische Gesundheit in der frühen Kindheit e. V. (GAIMH).

Ein Grund für die Fehlinterpretation des Babys ist unsere kinderarme Gesellschaft. Wer weiß heute noch, wie viel ein Baby normalerweise schreit, wie laut es dabei werden kann und wie unendlich lange es dauert, bis so ein Energiebündel schläft? Heutzutage haben die jungen Eltern einfach zu wenig Gelegenheit, vor ihrem eigenen Kind schon einmal andere Babys zu beobachten. Sie haben keine Übung darin, in einem Baby „zu lesen". Obwohl Eltern sich auf ihren Instinkt verlassen können, ist der Umgang mit dem Baby um vieles leichter, wenn sie bereits Erfahrungen mit anderen Babys machen konnten. Zudem gibt es oft wenig gute Tanten oder ältere Verwandte, die mit Rat und Tat zur Seite stehen und Tipps geben, was das Baby denn meinen könnte. Oder aber die wenigen Älteren um die junge Mutter herum geben zu viele Ratschläge und verunsichern sie damit. Die Mutter fühlt sich dann nur noch mehr alleingelassen.

Für die Mutter ist es wichtig, sich selbst nicht zu sehr infrage zu stellen. Mag sein, dass es zu Teilen „an der Mutter liegt", wenn ein Baby zu viel schreit. Es mag aber genauso gut am Baby liegen. Der „Patient" ist das Zusammenspiel. Es sind oft die Umstände, die zu so einer hilflosen Situation führen – das Alleingelassensein steht da ganz oben.

Wenn sich die Mutter abends erschöpft fühlt und der Partner entweder überhaupt nicht anwesend ist, weil sie das Kind alleine groß zieht, oder weil der Partner erst spät abends nach Hause kommt, dann sind Mutter und Kind in ihrer Erschöpfung alleine. Dann ist es halt so. Das Kind schreit, die Mutter ist erschöpft. Die Mutter sollte dann mit ihren letzten Reserven versuchen, gut zu sich selbst zu sein. Viele Frauen sagen am Abend oft: „Ich habe heute gar nichts geschafft." Doch, das haben sie: Sie haben ein Kind zufriedengestellt. Das ist eine große Leistung. Abwarten und Tee trinken ist für viele gestresste Mütter in den ersten Monaten nach der Entbindung die einzige Überlebensstrategie. Düfte, vielleicht ein Schaukelstuhl, eine ausgiebige Dusche, während eine Freundin kurz auf das Kind aufpasst – das sind anfangs die kleinen, aber wirkungsvollen Kraftquellen.

Abwarten und Tee trinken – oft die einzige Überlebensstrategie in den ersten Monaten nach der Entbindung.

Wer lange „klebt", der löst sich leicht

Kleine Kinder folgen der Mutter auf Schritt und Tritt. Sie hängen am Rockzipfel und weinen, wenn sie sich auch nur zwei Meter entfernt. Kleine Kinder sind anhänglich und brauchen die Nähe. Kinder, die ausreichend lang und intensiv die Nähe zu den Eltern genießen dürfen, können sich später besser von ihnen trennen. Wer im Sommer ausreichend Sonne abbekommt, dem macht es nichts aus, wenn der Herbst regnerisch-kalt wird. So ähnlich verhält es sich auch mit Kindern, die genügend Nestwärme erhalten.

Auch die Frage, wie lange ein Kind im Bett der Eltern mitschlafen darf, beschäftigt Mutter und Vater immer wieder. Gegen das Schlafen im Elternbett ist nichts einzuwenden, wenn sich alle damit wohlfühlen. Schwierig wird es erst, wenn ernste Probleme die Ursache dafür sind, dass das Kind nachts immer wieder in das Bett der Eltern wandert. Wenn

Viele Mütter haben heute Angst, ihre Kinder zu lange zu „beglucken".

die Mutter beispielsweise unglücklich in ihrer Partnerschaft ist, wird das Kind vielleicht unbewusst zum Seelentröster – und kommt zu ihr ins Bett gekrochen. Es kann auch sein, dass das Kind dazu dient, partnerschaftliche Streitereien in der Nacht zu verhindern. Hier wird es dann – oft unbemerkt – von den Eltern instrumentalisiert. Sie sind regelrecht erleichtert, wenn das Kind zur rechten Zeit nach Mama oder Papa ruft …

Das Kind erspürt in der Regel die Wünsche der Eltern und reagiert darauf. Auch wenn sich die Eltern darüber beschweren, dass ihr Kind nachts immer zu ihnen will, so mag es doch eine unbewusst herbeigeführte Situation sein. Die betroffenen Eltern spüren meist, wenn etwas nicht stimmt. Da mischt sich dann ein ungutes Gefühl hinzu, das bei dem natürlichen Verlangen, das Kind nachts bei sich zu haben, nicht dabei ist. Auch das Kind spürt, ob es sich selbst einfach Nestwärme abholen darf oder ob es als Puffer für ungute Situationen benutzt wird.

Doch wenn alles in Ordnung ist, spricht nichts dagegen, dass das kleine Kind im Bett der Eltern schläft. Meistens schläft es dann auch ruhiger und schreckt nachts seltener auf. Dies trifft besonders für zwei- bis dreijährige Kinder zu, die gerade eine lebhafte Fantasie entwickeln, sich vor der Dunkelheit fürchten und nachts intensiv das Tagesgeschehen verarbeiten.

Kinder, die zu früh zu viel Trennung erleben, versuchen später immer wieder, das Verpasste nachzuholen. Solche Kinder können sich durch die frühe Trennung nicht ausreichend entwickeln, weil sie immer damit beschäftigt sind, ihren Mangel zu verarbeiten und nach Beruhigung für sich selbst zu suchen. Sind sie älter, genügen sie sich selbst nicht. Sie haben eine zu schwache innere Vorstellung von guten Bezugspersonen und die Nähe zu ihnen, um allein sein zu können.

Die „Sehn-Sucht" nach Nähe wird bei Kindern aus stark vernachlässigten Verhältnissen später oft auch zur Drogensucht.

Ihnen fehlt die Erfahrung, wie es ist, „genug" von einer wohlwollenden, nahe stehenden Person zu bekommen. Daher neigen sie dazu, sich immer wieder an andere anzuhängen. Sie wollen das Verpasste nachholen und spüren doch, dass es unmöglich ist. So laufen diese Kinder ständig der Kindergärtnerin nach, suchen die Nähe des Lehrers oder machen sich als Erwachsene übermäßig abhängig von ihren Partnern – immer in der Hoffnung, doch noch etwas von dem verpassten Gefühl von Nähe und Wärme erhaschen zu können. Der Betroffene kann sich nur sehr schwer lösen. Solche Kinder und Jugendliche versuchen dann nicht selten, in Drogen die warme Hülle zu finden, die sie vermisst haben und immer noch suchen.

Hatten diese Kinder nicht nur wenig Bindungen, sondern obendrein noch ungute, dann sind sie auf eigenartige Weise noch lange fest an ihre Familie gebunden. Es scheint paradox zu sein, doch führen ungute Bindungen auf Dauer in gewisser Hinsicht zu festeren, aber unflexibleren Bindungen als gute. Zu der guten Bindung gehört, dass man sich zwar schweren Herzens, aber doch recht leicht lösen kann, weil man durch die guten Beziehungserfahrungen selbstständig geworden ist und innere Sicherheit erlangt hat. Man kann jedoch jederzeit auch leicht wieder zusammenfinden. Ganz undramatisch. Unbefriedigende Bindungen hingegen sind geprägt von harschen Kontaktabbrüchen, sodass kein freundliches Wort mehr möglich ist oder Jahre des Schweigens eintreten. Innerlich sind die Kinder jedoch mehr mit ihrer Familie beschäftigt als Kinder, die „im Guten" das Elternhaus verlassen haben.

Mütter, die früh nach der Entbindung wieder arbeiten müssen oder wollen, haben häufig ein schlechtes Gewissen, weil sie ihre Kinder allein lassen. Das schlechte Gewissen ist nicht nur unbedingt etwas kulturell Auferlegtes, sondern es ist auch der normale Bindungswunsch der Mutter an ihr

Kind. Sie spürt, wie sehr das Kind sie braucht. Das schlechte Gewissen ist ihr Kompass. Manchmal geht es nicht anders – das Geld will verdient werden. Da ist es dann wichtig, eine gute Betreuung für das Kind zu finden und die wenigen gemeinsamen Stunden intensiv zu nutzen.

In den Medien werden uns die anderen Länder oft als Vorbild präsentiert, weil sie Bedingungen schaffen, die es den Müttern erleichtern, Beruf und Familie zu verbinden. Sicher stimmen hier fast alle Mütter zu, dass es noch enorm viel zu tun gibt. Doch häufig wird von den positiven Bedingungen der Nachbarländer sehr einseitig berichtet. In einem Business-Hotel traf ich einmal auf eine ältere Dame aus Holland. Sie sah mich mit meiner kleinen Tochter an der Hand und wir kamen ins Gespräch. Sie sagte, dass Deutschland für die Holländerinnen ein großes Vorbild sei, weil die Mütter so lange zu Hause blieben. Sie hätte eine Tochter, die es ganz schrecklich fand, dass sie so schnell wieder arbeiten ging. Viele Holländerinnen würden es gar nicht mögen, so früh von ihrem Kind getrennt sein zu „müssen". Ob ihre Aussage so stimmt und so plakativ einfach übernommen werden kann, sei dahingestellt. Sie hat mich jedoch nachdenklich gestimmt.

Sicher lassen sich Fakten oft nicht ändern. Wenn das Geld her muss, dann muss die Mutter mit dem schlechten Gewissen so gut es geht zurechtkommen und den notwendigen Umständen folgen. Nichts ist ideal, nicht in der Natur und nicht im Gesellschaftsleben. Doch wenn die Mutter die

Wahl hat und das schlechte Gewissen auch als natürlichen Wunsch interpretiert, bei ihrem Kind zu sein, dann ist es doch schön, wenn sie diesem Wunsch nachkommen kann. Von meiner Hebamme bekam ich damals eine Postkarte mit einer Karikatur, die zeigt, worum es geht: Ein Kleinkind sitzt nachts einsam in seinem Bettchen und denkt: „Ich will zur Mama!" Nebenan, im Schlafzimmer, sitzt die Mama in ihrem Ehebett und denkt: „Ich will zu meinem Kind!" Warum also die beiden nicht zusammenführen? Die Mutter kommt ihrem Wunsch nicht nach, aus der Angst heraus, sie könne etwas falsch machen, wenn sie das Kind „in dem Alter" (wir reden von Kindern bis zu vier Jahren) noch zu sich ins Bett holt. Das mag dann durchaus ein kulturell bedingter, verkopfter Hintergrund sein. Denn in vielen anderen Kulturen der Welt ist es üblich, dass das Kleinkind bei den Eltern oder Geschwistern im Bett oder zumindest im selben Zimmer schläft. Viele Kleinkinder sind damit einfach überfordert, wenn man von ihnen verlangt, im eigenen Bett zu schlafen. Außerdem: Wer von uns Erwachsenen schläft eigentlich gerne allein? Jede Mutter kennt die gute Freundin, die sie unter den Arm nimmt und sagt: „Du musst auch mal loslassen können." Dieser Freundin kann man getrost erwidern, dass man nur das loslassen kann, was man vorher auch festhalten durfte. Mit Genuss, ausreichend lang und intensiv genug. Da geht es

Man kann nur das loslassen, was man vorher auch festhalten durfte.

der Mutter wie dem Kind: Zu gegebener Zeit läuft das Kind schon von alleine weg. Gleichzeitig regt sich in der Mutter der Wunsch, das Kind wegzuschubsen, ähnlich, wie ein Vogel seine Küken aus dem Nest wirft, wenn es soweit ist. Bereits der Zeitpunkt der Entbindung wird so festgelegt: durch das Wechselspiel zwischen Mutter und Kind. Erst wenn beide bereit sind, geht es los.

Zwar geht es bei Loslösungsschritten immer noch ein bisschen hin und her, doch die Hauptbewegung weist in eine Richtung. Die Bereitschaft der Mutter, ihr Kind loszulassen, wächst mit dem Wunsch des Kindes, sich selbst fortzubewegen. Wenn man nur etwas warten kann, merken Mutter und Kind gemeinsam, wie die Lösung ganz von selbst kommt.

Bleib hier – geh weg!
Der Preis der Selbstständigkeit

Viele schwangere Frauen sehen der Entbindung mit einem wehmütigen Blick entgegen: Das Kind, das jetzt noch ganz ihr gehört, wird bald getrennt von ihr sein. Sie wird es mit anderen teilen müssen. Doch die Bindung bleibt bestehen – sie wird nur anders. Manche Hebammen sagen: „Die Frau wird entbunden und neu verbunden."

Ist das Baby dann da, taucht die Mutter ab. Alle können es sehen: Sie und der Säugling bilden eine Einheit. Wie Verliebte sind sie abgeschirmt von der Umwelt. Die Mutter hört den kleinsten Laut des Babys und hat den Kopf nur für seine Belange frei. In den meisten Kulturen dauert das Wochenbett etwa 40 Tage lang. Mutter und Kind sind auf die Abschirmung angewiesen und sollten diese Zeit so gut es geht genießen.

Schon nach wenigen Wochen kann man beobachten, wie das Baby sich selbst entdeckt. Es erkundet seinen Körper. Zuerst ergreifen die Händchen die Oberschenkel, wenig später die Knie und zum Schluss erreicht das Baby seine Füßchen. Dann erforscht das Baby seine Mutter – es zieht ihr mit Vorliebe an den Haaren und stemmt sich weg, um sie besser

Mutter und Säugling bilden eine Einheit, die von der Umwelt abgeschirmt ist.

zu sehen. Immer besser kann das Kind seinen Körper von dem der Mutter unterscheiden. Bald ist es fasziniert von Dingen, die nicht zu ihrem Körper gehören: von der Brille, der Haarspange, der Kette usw.

Zwischen dem 5. und 36. Lebensmonat macht ein Kind die größten Veränderungen durch. In dieser Zeit löst es sich aus der Einheit mit der Mutter und wird zum Individuum. Die Psychoanalytikerin Margaret Mahler (1897 bis 1985) hat diese Entwicklung eindrucksvoll beschrieben. Sie spricht von der „psychischen Geburt des Menschen", die sich dann vollzieht, wenn das Baby bemerkt, dass es ein von den anderen Menschen getrenntes Wesen ist. Was im Kind zunächst einen Schrecken auslöst, endet mit der

Gewissheit, dass es sich trotz aller Trennung mit der Mutter verbunden fühlen kann.

Die ersten größeren Trennungserfahrungen macht das Baby, wenn es sich mit sieben bis zehn Monaten durch Krabbeln oder Rollen von der Mutter wegbewegt. Dabei erforscht es neues Spielzeug gern in einer bestimmten Entfernung zur Mutter. Das Hin und Her von Trennung und Beisammensein zeigt sich in seinen ersten Ausprägungen. Zwischendurch müssen die Kleinen immer wieder emotional bei der Mutter „auftanken", wie Mahler es nennt. Sie krabbeln zu ihr, bleiben eine Weile an ihrem Bein sitzen, berühren die Mutter und lehnen sich an sie an. Nach kurzer Zeit ist das Kind wieder bereit, die Welt weiter zu erkunden.

Mit etwa acht Monaten fremdelt das Kind. Bei fast allen Menschen, die sich nähern, fängt es an, zu weinen. Es fühlt sich nur bei seiner Mutter wohl. Das Kind hat einen großen Intelligenzschritt gemacht: Es kann die Mutter eindeutig von anderen unterscheiden und hat begriffen, dass die Beziehung zur ihr einzigartig ist. Manche Kinder fremdeln sogar bei den Geschwistern oder beim Vater, wenn er seltener da ist. Sogar eine plötzliche Angst vor dem bisher fast unbeachteten Haustier ist keine Seltenheit.

Am Ende des ersten Lebensjahres befindet sich das Kind in einer „Hochstimmung". Es erobert die Welt. Die Mütter sind sehr zufrieden mit ihrem Sprössling. Mahler sagt auch, das Kind „könnte die Welt umarmen". Alle sind fasziniert von diesem Sonnenschein, diesem fast immer nur fröhlichen und lachenden Kind. Alles will entdeckt werden. Überall gibt es ein aufgeregtes „Da, da!" und dem Kind ist es ab etwa 15 Monaten äußerst wichtig, seine Entdeckungen mit der Mutter zu teilen.

In dieser Zeit sind die Kinder ganz besonders auf die Rückversicherung durch die Mutter angewiesen. Wenn Kleinkinder neugierig auf etwas Neues zugehen, dabei jedoch unsicher sind, dann schauen sie zurück zur Mutter und warten ab, wie sie reagiert. Lächelt sie ihrem Kind aufmunternd zu, so wird es neugierig seine Entdeckungsreise fortsetzen. Blickt sie jedoch ängstlich drein, dann wird das Kleinkind seinen Forscherdrang eher zügeln. So hat die Mutter Einfluss auf das Verhalten ihres Kleinkindes.

Manche Mütter lassen ihr Kind eher mit Freude gehen, bei anderen überwiegt der Trennungsschmerz.

Das Laufen und Sprechen sind schließlich die größten Errungenschaften des Kindes. Mit etwa 18 Monaten haben meist auch die langsamsten unter den Kleinen das Laufen gelernt. Stolz und mit gestählter Brust zeigt das Kind, was es kann – und die Mutter hat endlich die Arme wieder frei. Jetzt dämmert es dem Kleinkind, dass es ein „eigenständiger" Mensch ist und sich von der Mutter trennen kann. Oft macht es die ersten eigenen Schritte unbemerkt von der Mutter weg, anstatt zu ihr hin. Es ist fast so, als wollte das Kleinkind die Mutter vor dem Trennungsschmerz bewahren. Die Mutter empfindet über jeden Entwicklungsschritt wahrscheinlich beides: Trennungsschmerz und die Freude darüber, dass sich ihr Kind weiterentwickelt. Das Lied „Hänschen klein, ging allein" spiegelt dieses Zusammenspiel sehr schön wider: „… doch die Mutter weinet sehr, hat ja nun kein Hänschen mehr – da besinnt sich das Kind, eilt nach Haus geschwind." Die Schwierigkeiten und Freuden, die aus den ersten selbstständigen Schritten des Kindes erwachsen, haben zum einen mit dem Forscherdrang des Kindes zu tun, zum anderen mit dem Wesen der Mutter. Die meisten Mütter schubsen ihr Kind vorsichtig weg. Es wird ihnen lästig, dass sie es immer noch tragen müssen, obwohl es schon kurz davor ist, zu laufen. Das Kind seinerseits quengelt, weil es doch lieber laufen möchte und es noch nicht kann oder sich nicht traut.

So sehr das Kind auch Freude hat an seinen ersten, freien Schritten, so sehr leidet es auch unter großen Trennungsängsten. Gerade im Alter von zwei Jahren sind die Kinder in einem großen Zwiespalt: Sie wollen ihre Eigenständigkeit unter Beweis stellen und verteidigen sie oft heftig. Andererseits wünschen sie sich regelmäßig in den alten Zustand zurück, in dem sie mit der Mutter eins waren.

Wenn das Kind wegläuft, muss die Sprache die Brücke zwischen Mutter und Kind sein.

Früher, so stellen die Kinder schmerzlich fest, konnten sie sich ohne Worte mit der Mutter verständigen. Allein durch Gestik und Mimik. Jetzt kommen die Worte mit aller Macht, weil die Kommunikation ohne Sprache nicht mehr ausreicht.

Der Wunsch des Kindes, dass die Mutter wieder zu ihm gehört wie in der Babyzeit, veranlasst es dazu, die Mutter manchmal in heftigste Kämpfe zu verwickeln. Im englischsprachigen Raum bezeichnet man dieses anstrengende Alter daher auch als „terrible two". Wenn das Kind bestimmen kann, was die Mutter tut, so hat es wenigstens wieder ein bisschen das Gefühl, dass die Mutter ein Teil von ihm ist. Manchmal könnte man das Kind auch als „Kommandozentrale" bezeichnen, so oft gibt es Tage, an denen es bestimmen will, was die Mutter tut. Sie darf sich nicht setzen, wohin sie will, und sie darf nicht die Beine übereinanderschlagen, wenn sie es will. Sie muss sich an eine bestimmte Stelle im Bett legen oder Bescheid sagen, wenn sie zur Toilette geht.

Dieser starke Wunsch, wieder so nah zurückzukommen an die Mutter, nennt Mahler „Wiederannäherungskrise". Das Kind will zurück in den alten Zustand und merkt, dass das nicht geht. Es will beides: Trennung und Zusammengehörigkeit. Die schmerzliche Trennung von der Mutter wird dann durch zwei Dinge überbrückt: durch die Sprache, die sich zunehmend entwickelt, und durch die Liebe, also durch das Liebesband. Mehr denn je fürchtet sich das Kind davor, die Liebe der Mutter zu verlieren. Das Kind zeigt der Mutter in rührender Weise, wie sehr es sie liebt. Irgendwann erhält die Mutter den ersten Kuss. Seien die Küsse noch so nass – die Mutter wird immer gerührt sein. Das Kind überschüttet sie mit Liebe und hängt nur noch an ihrem Rockzipfel. Ähnlich, wie das Kind in jüngerem Alter sich immer wieder körperlich an die Mutter anlehnen musste, um „aufzutanken", so „beschattet" das Kind jetzt seine Mutter auf Schritt und Tritt. Keinen Schritt kann die Mutter mehr tun, ohne das Kind am Bein hängen zu haben. Das ist die Reaktion des Kindes auf seine eigene Lust, die Welt zu entdecken, die doch so groß und weit ist. Am Rockzipfel kann es die Nähe zur Mutter wiederherstellen. Viele Mütter verstehen das nicht – ihr Kind ist doch viel selbstständiger als noch vor einem halben Jahr! Und doch ist es tausendmal anhänglicher als noch vor Kurzem.

In diesem Alter wollen Kinder kommandieren und manipulieren – aus Angst vor Trennung.

Manche Mütter weisen dann ihr Kind harsch ab, weil sie sich auf eine Art auf den Arm genommen fühlen. Andere Mütter geben ihrem Kind nach und sind für sie verfügbar. Die Kleinkindforscher haben festgestellt, dass besonders diejenigen Kinder abenteuerlustig und unabhängig sind, deren Mütter in dieser sensiblen Phase gefühlsmäßig da sind. Man darf dem fordernden Kind ruhig nachgeben, ohne das Gefühl zu haben, man würde es verwöhnen oder es zu lange an sich binden. Natürlich wollen die Kleinen kommandieren und manipulieren – aber aus ihrer Angst vor Trennung heraus. Ähnlich verhalten sich in Krisensituationen selbst Erwachsene. Wer sich von seinem Partner trennt, der weiß, wie schwierig das ist, selbst wenn die Liebe längst erloschen ist. Es gibt oft eine lange Zeit des Hin und Her, des Manipulierens und Trotzens. Man ist getrennt und wieder zusammen und wieder getrennt. Solange, bis beide Partner wirklich die Trennung bearbeitet haben.

Wenn die Mutter in diesem Sinn ihr Kind versteht, so kann sie den einen oder anderen anhänglichen oder trotzigen Tag besser überstehen, ohne sich manipuliert zu fühlen. Das heißt nicht, dass die Mutter allen „Befehlen" des Kindes nachkommen sollte. Es reicht aus, wenn sie die Art des Kindes anerkennt, versteht und würdigt. Das heißt, wenn das Kind die Mutter nach links kommandiert, die Umstände aber erfordern, dass sie nun einmal rechts herumgeht, dann ist der Kampf, der darauf folgt, um vieles leichter zu ertragen, wenn die Mutter sich in den Schmerz des Kindes einfühlen kann und ihm sagt: „Ich bin trotzdem für dich da, auch wenn ich selbst meine eigenen Wege gehe."

In der Geschichte „Der kleine Lord" gibt es eine schöne Szene, in der eine Frau zur Mutter des kleinen Lords entsetzt sagt: „Aber Sie sind doch seine Mutter!" Daraufhin antwortet die Mutter gelassen: „Ja, das bin ich. Aber ich bin auch ich selbst." Genau dieses Gefühl der Eigenständigkeit, das sich die Mutter trotz aller „Belagerung" bewahrt, ist das, worauf es ankommt. Diese Haltung hilft dabei, sich selbst und das Kind durch diese aufregende, harte, aber auch schöne Zeit zu manövrieren.

Die Kinder symbolisieren ihren Zwiespalt zwischen Eigenständigkeit und Nähe auch im Spiel. Neben der Sprache entwickelt sich in dieser Zeit auch die Fähigkeit, die Innenwelt zu symbolisieren und im Spiel Gefühle auszudrücken. Daher spielen Kinder im Alter von etwa zwei Jahren häufig „Weglaufen" und sie freuen sich, wenn die Mutter ihnen nachläuft und sie fängt. Doch sobald das Kind weglaufen kann, wird ihm klar, dass die Mutter sich selbst ja auch entfernen könnte, wenn sie das wollte. Das macht dem Kind große Angst. Entwicklungspsychologen sagen, dass zu Beginn des Lebens die Angst des Kindes vor „Objektverlust" im Vordergrund steht. Mit „Objekt" ist die andere Person, also hier die Mutter, gemeint. Das Kleinkind fürchtet sich einfach davor, dass die lebensnotwendige Mutter weggeht. Später, wenn das Kind reifer wird und verstanden hat, dass die Mutter auch da ist, wenn sie gerade nicht im Blickfeld ist, hat das Kind hauptsächlich Angst vor Liebesverlust.

Doch was es ihnen erleichtert, Trennungen von der Mutter zu überstehen, ist das Bild von ihr, das die Kinder etwa im dritten Lebensjahr recht stabil in sich tragen. Dadurch gelingt es dem Kind, sich auch einmal länger von der Mutter zu trennen und dennoch zu „funktionieren". So ist es möglich, dass sich das Kind selbst beruhigen und trösten kann. Es kann sich vorstellen, wie die Mutter ist, wie sie aussieht und wie es sich anfühlt, bei ihr zu sein. Nach und nach akzeptiert das Kind, dass es ein von der Mutter getrenntes Wesen ist. Das Kind entwickelt seine bleibende Individualität.

Die Angst vor der Trennung von der Mutter

Viele Mütter verzweifeln daran: Sie holen ihr Kleinkind von der Tagesmutter ab und es fängt bitterlich an zu weinen. Das erscheint ihnen einfach nur unlogisch. Dabei ist alles in bester Ordnung: Das Kind zeigt der Mutter seinen Trennungsschmerz, den es empfunden hat. Es ist heilfroh und erleichtert, dass die Mutter wieder da ist. Zu ihr hat das Kind das Vertrauen, seinen Tränen freien Lauf zu lassen und seine Gefühle offen und ehrlich zu zeigen.

Wir kennen diese Zusammenhänge auch noch als Erwachsene: Wenn wir Probleme mit unserem Partner haben, dann sind wir viel sensibler für das, was der Partner gerade tut oder nicht tut. Wenn wir uns in der Beziehung gut aufgehoben fühlen, sind wir weniger kritisch und vertrauen darauf, dass schon alles in Ordnung ist. Wir sind dann oft auch unternehmungslustiger. Trennungen

Wie es dem Kind während einer Trennung geht, hängt stark von der Beziehungsqualität zur Mutter ab.

sind in einer guten Beziehung nur schmerzlich, weil wir den anderen vermissen – wir fühlen uns aber dennoch über die Distanz gut beim anderen aufgehoben und spüren die Verbindung.

Die Psychologin Mary Ainsworth untersuchte Mitte der 80er-Jahre, wie sich Kinder verhalten, wenn sie von ihrer Mutter getrennt werden. Sie analysierte, was passiert, wenn die Mutter mit ihrem Kind einen Raum betritt, in dem eine fremde Person sitzt, und was das Kind macht, wenn die Mutter diesen Raum verlässt und nach einer Weile wieder zurückkehrt. Dabei kam die Psychologin zu dem Ergebnis, dass das Verhalten des Kindes stark davon abhängt, wie gut es sich mit der Mutter verbunden fühlt und wie geborgen es bei ihr ist.

Die meisten Kleinkinder weinen, wenn die Mutter geht. Sie verleihen ihrem Kummer und ihrem Trennungsschmerz Ausdruck. Sie fürchten sich nicht davor, ihre Gefühle zu zeigen. Diese Tränen sprechen meistens für eine gute Beziehung zwischen Mutter und Kind. Sicher gebundene Kinder vermissen die Mutter während ihrer Abwesenheit. Kehrt die Mutter zurück, sind solche Kinder sichtlich erleichtert. Die Mutter wird freudig begrüßt.

Sind die Kinder mit der Mutter zusammen, so suchen sie regelmäßig den Kontakt zur ihr, wollen schmusen und kuscheln, gehen dann aber genauso gerne auch wieder spielen. Die Phasen, in denen sie Kontakt suchen, wechseln sich in gesundem Maß mit solchen Phasen ab, in denen die Kinder ihre Umwelt auskundschaften. Das ist bei den meisten Mutter-Kind-Paaren der Fall.

Natürlich können auch Kinder, die keine Abschiedstränen vergießen, eine gute Beziehung zur Mutter haben. Sie sind sich gewiss, dass die Mutter zurückkommen wird, und sie fühlen sich beispielsweise bei der Kindergärtnerin so wohl, dass sie nicht zu weinen brauchen.

Es gibt jedoch auch Kinder, die bei der Trennung von der Mutter nicht weinen, weil sie sich unsicher fühlen. „Unsicher-vermeidende Bindung" nannte Mary Ainsworth diese Form. Solche Kinder sind seltsam gleichgültig, wenn ihre Mutter den Raum verlässt. Was die Umstehenden auf den ersten Blick als positiv bewerten, ist oft eher ein Grund zur Sorge. „Das Mädchen weint ja gar nicht", sagen sich die umstehenden Mütter – und beneiden vielleicht sogar die Mutter dieses Kindes darum, dass ihr Sprössling so „unkompliziert" ist. Doch die innere Welt des Kindes sieht anders aus. Der Grund dafür, dass das Kind nicht weint, ist möglicherweise ein Zeichen einer unsicheren Bindung, die vielleicht zeitweilig, vielleicht aber auch schon länger besteht. Kehrt die Mutter zurück, bleiben diese Kinder bei ihrem Spielzeug sitzen, jedoch ohne es recht zu beachten. Sie haben vielleicht die Erfahrung gemacht, des Öfteren von der Mutter abgewiesen zu werden. Daher halten sie lieber vorsorglich Abstand. Dieses Verhalten kann beispielsweise auch dann auftreten, wenn sich Mutter und Kind aufgrund von Entwicklungsschritten gerade nicht gut verstehen. Das kann nach ein paar Tagen oder Wochen von selbst wieder anders werden.

> **Der Grund dafür, dass ein Kind nicht weint, ist möglicherweise ein Zeichen einer unsicheren Bindung zur Mutter.**

Bei manchen Mutter-Kind-Paaren ist es jedoch ein Dauer-zustand. Diese Mütter können dann von einer Beratung durch geschultes Personal profitieren. Wünschenswert wäre es, wenn Beratungsmöglichkeiten leicht zu erreichen wären und es für Probleme vielleicht sogar direkt im Kindergarten eine Anlaufstelle gäbe.

Verhalten ist immer auch abhängig vom Temperament, von der Tagesstimmung und vielen anderen Einflüssen. Man kann nie sagen, dass sich ein Kind so oder so verhalten muss, genauso wenig wie man sagen kann, dass es mit zwölf Monaten laufen können oder mit drei Jahren trocken sein muss. Jedes Kind ist anders. Immer wieder gibt es angespannte Phasen, in denen sich Mutter und Kind nicht gut verstehen und in denen die Mutter das Kind öfter einmal abweist, weil sie selbst mit ihren Gedanken beschäftigt ist. So kann es also immer dazu kommen, dass ein Kind zeitweise so reagiert wie ein unsicher gebundenes Kind, ohne dass die Mutter gleich die ganze Beziehung infrage stellen müsste.

Mary Ainsworth konnte in ihren Untersuchungen noch ein weiteres Verhaltensmuster finden, das sie als „unsicher-ambivalente Bindung" bezeichnete. Oft ist diese Form der Bindung die Folge davon, dass sich die Mütter manchmal sehr widersprüchlich verhalten. Sie wissen nicht so genau, was sie wollen, verwöhnen einerseits das Kind und bestrafen es andererseits über alle Maßen. Oft sind diese Mütter selbst sehr unsicher und unausgeglichen. Es man-

gelt ihnen an Unterstützung, an guten Kindheitserinnerungen oder eigenen, haltgebenden Beziehungen. Sie spüren, dass es nicht gut läuft und schämen sich vielleicht
sogar dafür. Die Beziehung zum Kind schwankt zwischen
Liebe und Hass; oft ist nicht genügend gesunder Abstand
vorhanden. Die Kinder fühlen sich in einer Zwickmühle
gefangen: Ihre Mutter, die sie eigentlich vor Ungutem
beschützen und bewahren soll, ist genau diejenige, vor der
sie sich zeitweilig fürchten müssen. Wenn diese Kinder
mit ihrer Mutter zusammen sind, dann sind sie sehr anhänglich und beobachten sie ständig. Es ist fast so, als woll-
ten sie die guten Momente festhalten und auskosten,
gleichzeitig aber auch in „Habtachtstellung" die unguten
Momente vorzeitig erkennen und abfangen. Sie nutzen
ängstlich-abwartend, aber intensiv die Augenblicke, in
denen sich die Mutter als zugänglich erweist oder in denen
sie positiv auf sie eingestimmt ist. Während der Trennung
schreien diese Kinder sehr stark. Sie sind sich ihrer Verbindung zur Mutter nicht sicher.

Wenn die Mutter jedoch zurückkommt, sind die Kinder
misstrauisch, so als könnten sie nicht einschätzen, was
denn nun als Nächstes kommt. Sie hatten die Mutter ja
nicht die ganze Zeit im Blick – und in dieser Zeit kann viel
geschehen. Es kommt vor, dass diese Kinder auf die Mutter
zulaufen und dann auf halber Strecke stehen bleiben. Oder
dass sie auf sie zulaufen und dabei wegschauen. Sie zeigen
also doppeldeutiges, ambivalentes Verhalten, was die Be-

ziehung zur Mutter widerspiegelt. Manchmal bevorzugen diese Kinder auf gewisse Weise fremde Personen, von denen sie mehr Gleichmäßigkeit erwarten können. Gut, wenn es diese Personen dann gibt. Oft finden die betroffenen Mütter, denen es selbst nicht gut geht, nur mit fremder Hilfe aus ihrer misslichen Lage wieder heraus.

Offensichtlich schlecht geht es solchen Kindern, die zu ihrer Mutter eine sogenannte „desorganisierte" bzw. „desorientierte" Bindung haben. Zum Glück sind das die wenigsten Kinder – oft sind sie in Kindergärten aus sozialen Brennpunktgegenden zu finden. Diese Kinder kommen aus Familien, in denen das pure Chaos herrscht. Nicht selten sind es Kinder aus schwachen sozialen Schichten. Alkoholismus und Gewalt kommen in diesen Familien häufig vor. Es fehlt ihnen an inneren und äußeren Strukturen. Diese Kinder sind während der Trennung äußerst gestresst und wissen nicht, wie sie sich der Mutter wieder annähern sollen, wenn sie zurückkommt – mitunter zeigen sie sogar Angst bei ihrer Rückkehr. Hier ist Hilfe besonders schwierig, denn in der Regel sind die Mütter am wenigsten offen für Hilfe, denen es am schlechtesten geht. Auch hier wären Angebote vor Ort die günstigste Lösung.

Bis Kinder wirklich gut mit einer Trennung zurechtkommen, dauert es lange.

Bindung braucht Zeit. Mindestens drei bis fünf Jahre sind nötig, damit das Kind eine wirklich stabile Bindung aufgebaut hat und daraus auch in Zukunft Kraft schöpfen kann.

So kleine Wesen brauchen den intensiven Kontakt zu einer festen Bezugsperson. Doch wer sein Kind früh abgibt, der zieht nicht zwangsläufig einen gestörten oder suchtgefährdeten Jugendlichen heran. Es ist auch immer eine Frage der Grundatmosphäre, die „im Nest" herrscht.

Dennoch: Die Ergebnisse der Bindungsforscher sind ziemlich eindeutig. Daher ist es verwunderlich, dass sie in den öffentlichen Diskussionen um die Schaffung von Krippenplätzen häufig außen vor bleiben. Beim Thema „Kind und Karriere" bleibt manchmal die Frage offen, wie es den Kindern geht, wenn sie groß sind. Oft hört man Mütter von zehnjährigen Kindern sagen, dass dieses oder jenes ihren Kindern offensichtlich nicht geschadet hätte. Doch das Urteil fällen die Kinder selbst. Und zwar viel später: mit 18, 25 oder 30 Jahren. Erst dann wird klar, was gut war und was nicht.

Für fast alle Eltern ist diese Auseinandersetzung mit dem kritischen eigenen Kind ein schmerzlicher, aber unvermeidbarer Prozess. Doch er ist für die Eltern leichter auszuhalten, wenn sie wissen, dass es meistens zu einer Wiederannäherung kommt, sobald die Kinder älter werden oder selbst Kinder bekommen und vieles von dem nachvollziehen können, was ihnen vorher so unverständlich erschien.

Elterliche Psyche und kindliche Entwicklung

Anstrengende Babyzeit

Nur wer als Mutter selbst psychisch einigermaßen „satt" ist, kann dem Kind ausreichend gute „psychische Nahrung" mitgeben. Die „Bemutterung der Mutter" ist gerade in der ersten Zeit mit dem Säugling enorm wichtig. Die Mutter braucht selbst eine Umgebung, eine „Matrix", in der sie sich aufgehoben fühlt, um sich mit voller Kraft dem Kind zuwenden zu können. Viele „neugeborene Mütter" haben dementsprechend eine offenkundige Sehnsucht nach Bemutterung. Nicht selten besinnen sie sich zurück auf ihre eigene Mutter. Im besten Fall steht diese dann der jungen Mutter auch liebevoll zur Seite.

Mutter zu sein, das bedeutet über Jahre hinweg eine enorme Anstrengung.

Bei jungen Müttern, die keine gute Beziehung zur eigenen Mutter haben, ist es wichtig, dass sich andere Quellen auftun, aus denen sie Kraft schöpfen können. Diese Quellen muss sich so manche Mutter mühselig zusammensuchen. Sie muss sich mit recht wenig Unterstützung zufriedengeben, doch meistens wissen diese Mütter die wenigen, aber oft wirklich wärmenden Angebote zu schätzen. Die Nachsorge-Hebamme kann solch eine bemutternde Kraftquelle sein, aber auch die täglichen Begegnungen mit der Nachbarin oder der Bäckerin.

Der Partner gibt im Idealfall ebenfalls Nestwärme, doch oft ist auch er erschöpft und übernimmt eher Schutzfunktion, um die junge Familie abzuschirmen. Der Kasten Wasser wird angeschleppt, aber Zärtlichkeiten vermissen viele Frauen nach der Entbindung weiterhin. Nicht selten ist sogar das Gegenteil von „kuscheliger Wärme" an der Tagesordnung: Es gibt Partnerschaftskonflikte, da sich das Paar der neuen Situation erst anpassen muss. Wenn die Mutter selbst von verschiedenen Seiten Bemutterung findet, kann das die Partnerschaft sehr entlasten, weil die Partner dann weniger intensiv ihre Wünsche an den anderen stellen.

Depressionen rund um die Geburt

„Das Baby ist da, doch ich kann es nicht lieben." Die Mutter schaut ihr Neugeborenes an. Wie gelähmt kommt sie sich vor. Das soll ihr Baby sein? Es ist doch nur irgendein Kind. Wieder zu Hause warten bereits nach wenigen Tagen Wäscheberge, Isolation und Babygeschrei auf die junge Mutter. „Wie soll ich das alles schaffen? Wo bleibt das Mutterglück, von dem alle erzählen?", fragt sie sich.

Depressionen in der Schwangerschaft und nach der Geburt sind gar nicht so selten. Fachleute sprechen von einer „Postpartalen Depression". Zwar kennen viele Frauen den „Babyblues" nach der Entbindung, wo sie alles und jedes zu Tränen rührt. Doch diese traurige Stimmung ist nach einigen Tagen wieder vorbei. Bei einer Depression hingegen finden die Frauen aus einer tiefen Lähmung und inneren Leere nicht mehr heraus. Auch wenn „Heultage" und Depressionen zusammen auftreten können, so lässt sich das eine vom anderen doch gut unterscheiden.

Nach der Entbindung durchlebt die Frau eine ungeheure Umstellung. Die „Frau" wird zur „Mutter". Da heißt es: Abschiednehmen von einer alten Identität. Die junge Frau wird ein „ganz anderer Mensch" und fragt sich, was von ihren geliebten Dingen aus früheren Zeiten noch übrig geblieben ist. Manchmal streichelt die Frau auch nach der Entbindung noch in Gedanken versunken über ihren Bauch und muss sich fast in Erinnerung rufen, dass das Baby ja nun auf der Welt ist. Die Mutter muss Abschied nehmen von dem Kind im Bauch, das sie noch kurz zuvor allein für sich haben durfte. Ihr Baby und sie waren unzertrennlich miteinander verbunden.

Der „Babyblues" ist nach einigen Tagen wieder vorbei. Eine Depression ist langwierig und bedarf oft der Hilfe.

Als schwangere Frau hat sie sich ausgemalt, wie ihr Kind wohl sein wird. Das Kind in ihrem Bauch hat sich zu bestimmten Zeiten und in einzigartiger Weise bewegt. Das Bild von ihrem Kind entsprach ihren Wünschen und Ängsten. Doch nach der Entbindung kann die Mutter das Kind ansehen und stellt fest, welche ihrer Vorstellungen Wirklichkeit geworden sind und welche nicht. Vielleicht ist das Baby ihr sehr vertraut, vielleicht aber hat die Mutter nun in der Realität ein ganz anderes Wesen im Arm. Auch das müssen manche Mütter erst einmal verarbeiten. Diese natürliche Phase der Umstellung macht viele Mütter traurig. Normalerweise endet ihr „Babyblues" jedoch nach wenigen Tagen mit neuer Zuversicht und einer positiveren Grundstimmung.

Bei einer Depression ändert sich auch zwei Wochen nach der Entbindung nichts an der negativen Grundstimmung. Viele Mütter tragen ein unangenehmes Gefühl in sich. Diesen Frauen geht es „schlecht" und es fehlen ihnen die Worte, um dieses „Schlechtgehen" näher zu beschreiben. Auch können sie es sich meistens nicht erklären. So sehr sie auch suchen – sie finden keinen Grund. Und sie sind zutiefst erschüttert, dass sie scheinbar nur wenig für das Neugeborene empfinden. Manche Frauen sind traurig und können weinen, anderen ist eigentlich zum Heulen zumute, aber die Tränen der Erleichterung bleiben aus. Der Schlaf, wenn er nachts denn überhaupt kommt, ist unruhig und nicht erholsam. Die Gedanken kreisen und manchmal kommen Selbstmordgedanken, unter Umständen auch Mordgedanken hinzu. Überlegungen wie „Ich werde das Kind nicht großziehen können – es ist besser, wenn mein Partner das allein macht" kommen immer wieder auf.

Einige, wenn auch wenige Frauen, leiden an einer sogenannten „Psychose" nach der Geburt. Dabei verlieren sie zeitweise den Bezug zur Realität, leiden unter Wahnvorstellungen, sehen Tiere oder hören Stimmen. Es ist, als könnten sie Traum und Wirklichkeit nicht unterscheiden.

Etwa drei von 1000 Müttern entwickeln nach der Entbindung eine Psychose. Manche dieser Frauen haben eine gehobene Stimmung und geben sich rastlos unsinnigen Aktivitäten hin. Andere sind völlig gelähmt. Die Psychose beginnt meistens in den ersten zwei Wochen nach der Entbindung.

Doch die gute Nachricht für diese Mütter: Meistens bildet sich die Psychose vollständig zurück.

Die verschiedensten Ängste haben mitunter auch gesunde Mütter, doch bei einer Depression lassen sie sich nicht so leicht abschütteln. Die Fantasie, sich selbst oder dem Kind etwas anzutun, scheint sich so sehr aufzudrängen, dass sie nur schwer auszuhalten ist. Mütter, die es schaffen, sich mit ihren Nöten jemandem anzuvertrauen, leisten damit den schwierigsten Schritt – doch meist auch den besten. Viele Frauen befürchten, andere mit ihren Gedanken zu schockieren. Sie sollten sich jedoch klar machen, dass sich die anderen momentan nicht in derselben Gefühlslage befinden wie sie selbst und dass sie oft besser mit dem Gehörten umgehen können, als angenommen. Insbesondere für Fachleute wie Psychotherapeuten sind diese Zustände nichts Fremdes. Sie können meistens sehr schnell einordnen, was ihnen die Frau mitteilen möchte und werden ihr auch dabei behilflich sein, erstmals Worte für ihre Situation zu finden. Dabei kann die Suche nach dem richtigen Ansprechpartner anstrengend sein. Doch sie lohnt sich. Bei Vereinigungen wie „Schatten und Licht e. V." finden die Betroffenen meistens sehr schnell Hilfe.

Die Ursachen der postpartalen Depression sind vielfältig. Häufig sind Frauen betroffen, die plötzlich ohnmächtig einem Kaiserschnitt gegenüberstanden, die eine schwere Entbindung hinter sich haben oder direkt nach der Entbindung für viele Minuten, Stunden oder Tage von ihrem Kind getrennt waren. Mütter, die wenig Hilfe von ihrem Umfeld erhalten, leiden häufiger unter einer Depression als solche mit einer intakten Familie oder einem größeren, helfenden Freundeskreis.

Viele Frauen sind schlecht auf die Zeit nach der Entbindung vorbereitet.

Viele werdende Mütter sind schlecht vorbereitet auf das, was nach der Entbindung kommt. Mütter, die die reinste Wonne und die rosa Wolke nach der Geburt erwartet haben, fallen natürlich tiefer als solche, die behutsam von der Hebamme auf die weniger schönen Situationen nach der Entbindung vorbereitet worden sind: wunde Brustwarzen, schmerzhafter Milcheinschuss oder nur langsam wachsende Liebesgefühle für das Kind sind nur wenige der möglichen „Überraschungen", die eine Mutter im frühen Wochenbett erleben kann. Im Geburtshaus Bonn wird beispielsweise ein Neugeborenes nicht einfach auf den Bauch der Mutter gelegt. Wenn das Kind geboren ist, dann hat die Mutter Zeit. Sie mag zuerst abwesend sein, doch dann kommt der Moment, in dem sie sich dem Kind zuwendet. Erst, wenn die Hebamme bemerkt, dass die Mutter bereit ist, sich ihr Kind anzuschauen, bringt sie es der Mutter näher. Dieses Abwarten ist enorm wichtig. Manche Mütter berichten von einem Ekelgefühl oder dem Gefühl, ihr Kind wegstoßen zu wollen, wenn sie es zu früh nach der Entbindung ganz nah bei sich haben. Solche negativen Momente können Einfluss auf die ersten Tage mit dem Baby haben. Positive Momente, die Raum geben, erwecken in der Mutter auch positive Gefühle.

Manche Frauen erwarten ein Baby zu einer Zeit, in der sie in einer beruflichen Sackgasse stecken. Sie erhoffen sich Entlastung und Freiraum für neue Weichenstellungen. Das ist völlig legitim. Aber manchmal wird die Erwartung nicht erfüllt. Die Berufsfrage existiert weiter, das Kind hat das Problem nicht aus der Welt geschafft. Das kann eine enttäuschende Feststellung sein. Andere Frauen wiederum haben zwei Jahre Erziehungsurlaub eingereicht, weil sie eine „gute Mutter" sein wollen. Doch ihr wahrer Wunsch ist es eigentlich, sobald wie möglich wieder in ihren geliebten Beruf zurückzukehren. Solche Mütter befinden sich so lange in einem Tief, bis sie ihrem Wunsch nachgeben, ihren Beruf wieder aufzunehmen.

Der amerikanische Kinderpsychiater Donald Winnicott prägte den Begriff der „ausreichend guten Mutter". Kein

Kind braucht ein perfektes Umfeld. Kinder bleiben psychisch gesund, wenn die Mutter einfach ausreichend gut ist. Auch Partnerschaftsprobleme können zur Depression führen. Die Mutter, die auf ihr Kind blickt, schaut auch immer ein Stück vom Partner an. Frauen, die ihren Partner nicht wirklich lieben, haben manchmal auch Schwierigkeiten, ihr Kind anzunehmen. Vielleicht gab es im Leben eine größere Liebe und der Wunsch taucht auf, alles rückgängig zu machen.

All das weckt unter Umständen Aggressionen gegen das Kind, die der Mutter einen Schrecken einjagen. So passiert es, dass sich die Mutter diese Aggressionen blitzschnell verbietet. Das kann unbewusst so schnell geschehen, dass sie ihre Aggression noch nicht einmal bemerkt. Das Ergebnis kann ein Gefühl der Leere oder von niedergedrückter Stimmung sein. Die Aggression, die zuvor gegen das Baby gerichtet war, hat die Mutter nun gegen sich selbst gerichtet. Bildlich gesprochen hat sie einen Deckel auf einen dampfenden Kochtopf gesetzt. Obwohl es in der Frau unmerklich brodelt, erzählt sie ihrem Arzt vielleicht nur lächelnd, dass es ihr gerade „irgendwie" nicht gut geht. Von den aggressiven, aber „verbotenen Gefühlen" bemerkt niemand etwas. Am wenigsten die Betroffene selbst. Diese Gefühle zu akzeptieren, ist ein wichtiger Schritt in der Therapie. Oft nur unter dem Schutz eines Therapeuten

Postpartale Depressionen habe ihren Ursprung oft schon in der Zeit vor der Schwangerschaft.

gelingt es der Frau, die aufkeimenden „gefährlichen" Gefühle und Gedanken zuzulassen. Viele Mütter werden sich erst in der Therapie bewusst, welch unmögliche Ansprüche sie an sich selbst stellen. In der Therapie lassen sie von alten, belastenden Glaubenssätzen los und merken endlich, dass es unmöglich ist, einem anderen Menschen gegenüber, ja selbst dem eigenen Kind gegenüber, immerzu vollkommene Liebe zu empfinden.

Auch, wenn es vielen so erscheint – die Depression nach der Geburt fällt nicht vom Himmel. Oft bahnt sie sich schon in der Schwangerschaft an. Hinter einer Depression kann eine ungeahnte Kraft stecken. Vielleicht eine Aggression, eine Wut oder die Kraft des eigenen Kerns, der wieder zum Leben erweckt werden will. Häufig gab es Probleme in der eigenen Kindheit, denen man sich jetzt, da das eigene Kind kommt, plötzlich stellen muss. So aussichtslos die Depression scheinen mag: Sie ist ein gesundes Signal der Psyche. Sie hat den „Vorteil", dass man jetzt Hilfe sucht und dass vielleicht Dinge in Ordnung kommen, die schon länger in Unordnung waren. Diejenigen Frauen, die sich Hilfe suchen und ernsthaft mit sich selbst auseinandersetzen, können neue Türen in ihrem Leben öffnen. Wenn eine Therapie gelingt, dann ist es vielleicht ein doppeltes Glück: endlich die Freude am Muttersein zu empfinden und sich selbst ein Stück näher gekommen zu sein.

Vom Schreien und Schlafen

Bevor ich Mutter wurde, dachte ich immer, die meisten Leute lügen bei den Themen Gewicht oder Geld. Heute weiß ich: Es wird besonders dann geflunkert, wenn es um den Schlaf des Babys geht.

Es gibt immer wieder Phasen, in denen der Schlaf des Kindes unterbrochen ist. In den ersten beiden Lebenswochen sind die Eltern meist begeistert von ihrem zufriedenen Kind, das bestens schläft. Sie können sich nicht vorstellen, warum andere Eltern so viele Ringe unter den Augen haben. Sie glauben, sie haben einzigartiges Glück gehabt mit ihrem Kind und schreiben den

Bei manchen Babys ist das Schreipensum größer als bei anderen.

guten Schlaf des Babys ihren eigenen Fähigkeiten als Eltern zu. Doch langsam beginnt das Kind, mehr zu schreien. Erste Zweifel an den eigenen Fähigkeiten als Vater oder Mutter tauchen auf und auch das Bild vom Kind verändert sich. Die Eltern fragen sich: „Sind wir etwa doch nicht so gelassen, wie wir zunächst dachten? Ist unser Kind nun doch wie andere Kinder und kein außergewöhnlicher Engel?"

Besonders belastet sind Eltern, deren Kind sehr unruhig ist oder mehr schreit als andere Kinder. Zwar nimmt abendliches Schreien bei allen Kindern zwischen der siebten und der zehnten Woche zu, doch bei manchen ist das Schreipensum eben größer als bei anderen. Die Eltern befürchten, ein „Schreibaby" zu haben. Allein die Bezeichnung ist nicht gerade etwas Angenehmes. In schlauen Büchern finden sie dann diese Definition: „Schreit ein Baby mindestens drei Wochen lang an mindestens drei Tagen der Woche jeweils für mindestens drei Stunden, dann ist es ein Schreibaby." Damit stehen sie dann im Regen. Doch unabhängig von jeglichen wissenschaftlichen Zeitangaben wissen Eltern intuitiv sehr gut, ab wann ihr Kind zu viel schreit. Wenn eine Mutter eine Schreibabyambulanz aufsucht und sagt: „Ich glaube, ich habe ein Schreibaby.", dann liegt sie damit meistens richtig. Die Eltern sind in wenigen Tagen am Ende ihrer Kraft. Wenn man diesen Eltern sagt, dass in etwa sechs Wochen alles besser wird, ist die Verzweiflung groß. Es erscheint ihnen unmöglich, auch nur einen weiteren Tag mit solch einem anstrengenden Kind zu leben. Sie fühlen sich schuldig und wütend, weil sie eben alles tun, damit das Schreien ein Ende hat und scheinbar doch nichts bewirken. Sie haben in diesen ersten Lebenswochen des Kindes kaum die Erfahrung gemacht, dass sie ihr Kind beruhigen können. Das erweckt in den Eltern große Angst. Ihr Baby macht ihnen plötzlich Angst.

Viele Eltern fühlen sich zu allem Überfluss von ihrem Kinderarzt im Stich gelassen. Deshalb müssen sie zunächst einen kompetenten Arzt suchen, bei dem sie sich wirklich wohlfühlen. Oft finden die Mütter bei der Hebamme, der

Schreibabys verunsichern ihre Eltern zutiefst.

Stillberaterin oder erfahrenen Kinderkrankenschwester eine zufriedenstellendere Unterstützung.

Bis sie Hilfe finden, probieren die Eltern alles aus: Tragen, Stillen, Fliegergriff. Bis zur Erschöpfung. Dabei ist es wie mit dem eigenen Einschlafen: Wenn wir krampfhaft versuchen, in den Schlaf zu finden, ärgern wir uns nur. Wenn wir aber kurz etwas anderes machen – aufstehen, lesen, Tee trinken – dann kommt der Schlaf wie von selbst. Weniger ist mehr, also lohnt der Versuch mit „weniger". Manchmal schläft das Kind unverhofft allein ein, wenn man es einige Minuten im abgedunkelten Raum nörgeln lässt und selbst unter der Dusche neue Kraft tankt. Dann hat es einfach Ruhe von allem gebraucht.

Warum dem Baby nicht zutrauen, dass es allein einschläft?

Auch wenn viele Ratgeber sagen: „Lass deinen Säugling niemals schreien!", so muss man manchmal die Tür zumachen, um selbst wieder zu sich zu finden. Es geht darum, keine extremen Positionen einzunehmen, also „nie" durch „normalerweise" zu ersetzen: „Lass dein Kind normalerweise nicht schreien!", sollte es heißen.

Oft ist es dem Baby schon zu viel, wenn die Mutter es streichelt und gleichzeitig beruhigend mit ihm spricht. Deshalb kann man einmal ausprobieren, wie es ist, das Baby nur zu streicheln, oder nur mit ihm zu reden. Oder es einfach ganz in Ruhe liegen zu lassen – allein in seinem Bettchen. Eltern, die es aushalten, einige Minuten Babys Meckern zu hören, sind erstaunt, dass es oft von selbst in den Schlaf

findet. Viele Babys werden unruhig, kurz bevor sie einschlafen. Wenn Eltern es dann ganz in Ruhe lassen, ist das
vielen Babys am angenehmsten. Stellen Sie sich einmal vor,
wie es ist, wenn Sie einschlafen wollen und jemand nimmt
Sie kurz vor dem Schlaf immer wieder auf den Arm oder
streichelt Ihnen durch das Gesicht. Das wird Sie schier
wahnsinnig machen. Wichtig ist, die Unruhe als Wunsch
nach „In-Ruhe-gelassen-Werden" zu erkennen.

Wer alleinerziehend ist und die Einsamkeit kaum erträgt,
während der Säugling schreit, darf den Fernseher leise
anstellen. Auch wenn die meisten Ratgeber sagen „Niemals
den Fernseher laufen lassen", kann
das für manche Mutter ein guter Weg
sein, selbst zur Ruhe zu kommen.

Wenn ein Baby in Bauchlage am besten einschläft, dann sollte man es auch so einschlafen lassen.

Viele Kinder schlafen nur auf dem
Bauch ein. Dann sollte man sie auch
so einschlafen lassen. Die meisten
Mütter werden von ihren Kinderärzten dahingehend be-
unruhigt, dass der plötzliche Kindstod laut Studien eher
in Bauchlage als in Rückenlage auftritt. Doch den Müttern
wird nicht gesagt, dass es sich oft um Raucherfamilien
handelte, um sehr junge Mütter in schwierigen sozialen
Verhältnissen oder um Kinder von Eltern mit Alkohol-
problemen, die am plötzlichen Kindstod verstorben sind.
Die Bauchlage ist also längst nicht der einzige Faktor. Besonders, wenn das Kind im Bett der Eltern schläft, kann
man es doch gut beobachten. Wenn die Dinge durchdacht

sind, kann man ruhig etwas machen, was andere eben nicht tun.

Einen Beruhigungsversuch sollte man ungestört einmal länger ausprobieren. Häufig wechselt die Mutter ihre Beruhigungsart zu früh, sodass sich das Kind nicht auf eine Sache einstellen kann. Durch häufigen Wechsel entsteht Unruhe bei Eltern und Kind. Auch das Schaukeln und Wippen ist für die Babys oft zu stark, wenn sich Eltern durch das starke Schreien aufgefordert sehen, irgendetwas zu tun. So merken sie gar nicht, dass weniger Wippen das Kind besser beruhigt. Starkes Schreien bedeutet nicht unbedingt „Mehr davon!", sondern oft auch „Weniger von allem!". Das ist der Grund, warum das Nächstgeborene oft weniger schreit – es wird häufiger sich selbst überlassen, wenn die Mutter sich um das Geschwisterkind kümmern muss. Die Mutter ist bereits gelassener, weil sie weiß, dass Kinder vor dem Einschlafen oft noch einmal sehr unruhig werden können. Sie lässt es dann einfach wühlen und weiß, dass es schon einschlafen wird.

Bewegung beruhigt einen unruhigen Säugling manchmal am wirkungsvollsten. Ein Bettchen, das sich schaukeln lässt, eine Hängematte oder ein Tragetuch, zwischen die Gitterstäbe angebracht, kann für Eltern und Kind besonders entspannend sein. Oft hilft auch das Rückenstreicheln oder sanfte Popoklopfen in Bauchlage. Die Hand von Mutter oder Vater auf der Stirn kann ebenso beruhigen wie das Zusammenführen der Händchen auf der Brust des Kindes.

Häufig wird auch empfohlen, Säuglinge zu „pucken". Dazu legt man den Säugling auf ein Viereckstuch und schlägt es ganz eng ein. Besonders wichtig ist, dass es die Arme nicht mehr bewegen kann. Viele Kinder beruhigt das, denn die engen Grenzen erinnern an das Leben im Mutterleib. Andere Säuglinge wiederum geraten ins Schwitzen und scheinen schier zu verzweifeln. Dann sollten die Eltern diese Methode nicht anwenden.

Obwohl viele Babys offensichtlich Bauchkrämpfe haben, so bezweifeln Wissenschaftler heute, dass eine schlechte Verdauung die Ursache für das Schreien ist. Immer öfter wird das sogenannte „KISS-Syndrom" (Kopfgelenk-induzierte Symmetriestörung) als Mitursache für das Schreien verantwortlich gemacht. Doch auch diese Erklärung ist nicht besonders sicher. Vielmehr sind die vielen Erklärungsversuche

Die Ursachen für das Schreien sind vielfältig – wissen auch die Wissenschaftler.

ein Zeichen der Hilflosigkeit auch auf Seiten der Forscher. Anstatt sich Termine beim Osteopathen oder Krankengymnasten geben zu lassen, tut so manche Mutter besser daran, sich mit einer Freundin zu treffen oder mit dem Kind spazieren zu gehen.

Die Mutter kann den Abend schon gut während des Tages vorbereiten, denn das Zusammenspiel zwischen Mutter und Kind am Tag hat große Auswirkungen auf das Schreien und den Schlaf am Abend. In den zufriedenen Phasen während des Tages freut sich das Kind über Aufmerksamkeit und Ansprache. Es kann jedoch genauso glücklich damit sein, einfach dazuliegen und den Alltagsgeräuschen der Umgebung zu lauschen. Die ausgewogene Mischung aus Anregung und In-Ruhe-gelassen-Werden trägt zu ruhigeren Abenden bei. Besonders wichtig ist es, die Zeichen der Erschöpfung zu erkennen. Viele Zweit-Mamis sind da vom ersten Kind noch im Training und erkennen diese Zeichen leichter als Mütter, die ihr erstes Kind bekommen haben. Wenn ein Baby erschöpft ist, dann dreht es den Kopf zur Seite. Es will damit sagen: „Ich habe jetzt genug Spaß gehabt, ich muss mich von den Reizen ein bisschen erholen und abschirmen." Wenn das Kind diese Zeichen zeigt oder die Stirn runzelt, dann sollten Vater und Mutter aufhören, mit dem Kind zu spielen. Es braucht Ruhe.

Engagement ist gut. Überengagement ist schlecht. Das darf sich die Mutter ruhig klar machen. Schon sehr kurze Momente während des Tages, in denen sie mit ungeteilter Aufmerksamkeit beim Kind ist, sind wertvolle Zeiten. Wer die zufriedenen Minuten des Babys zur gemeinsamen „Unterhaltung" nutzt, der gewinnt auf Dauer wieder mehr Kraft. Ein Säugling gibt sich übrigens auch mit fremden Personen zufrieden. Die Natur ist darauf eingestellt, dass nicht alle Eltern gleich viel Zeit für ihre Babys aufbringen können. Und auch die Natur ist nicht ideal. Sie macht nicht immer satt –

> **Eine gesunde Dosis Frustration von Anfang an ist förderlich für die Entwicklung.**

weder psychisch noch körperlich – und auch das müssen die Babys von klein auf lernen. Selbst, wenn wir alle Bedürfnisse des Kindes befriedigen, bleibt immer etwas Frustration übrig.

Eine Schreibabyambulanz hilft vielen betroffenen Müttern am wirkungsvollsten. Doch nicht immer hat die Mutter die Kraft, eine solche Ambulanz aufzusuchen oder sich selbst zu informieren, wo sie die nächste Anlaufstelle finden kann. Dann können manchmal Freunde, die bereits Kinder haben, etwas beruhigen. Es ist oft sehr hilfreich, anderen Müttern und Vätern beim Elternsein zuzuschauen. Die erfahreneren Freunde weisen dann vielleicht auch darauf hin, dass das schreiende Kind möglicherweise einfach Ruhe braucht. Junge Eltern nehmen es oft zu früh hoch, wenn es nur die leisesten Laute des „Unwohlseins" von sich gibt. „Sofort hochnehmen" ist heute ein Tipp, den Mütter oft von Hebammen hören, doch manchmal tun sie damit zu viel des Guten. Die Mütter wollen etwas tun. Dabei wäre das Nichtstun die Lösung. Doch das muss man erst einmal herausfinden.

Egal, wie verzweifelt Vater und Mutter sind – auch sie tragen das Wissen, was ihrem Baby guttut, in sich. Wirklich entlasten wird am Ende das, was die Eltern selbst herausfinden. Nicht nur das Kind muss sich an die neue Welt anpassen, auch für die Eltern ist alles neu. Daher können sie sich ruhig die Zeit nehmen, die sie brauchen, um ihr Baby kennenzulernen. Keinesfalls sollten sie verzweifeln, wenn sie in Zeitschriften lesen, was „auf jeden Fall schnell und effektiv" hilft. Es gibt nämlich keinen schnellen Weg. Wenn die Mutter die Kraft hat, eine Schreibabyambulanz aufzusuchen, dann kann sie davon ausgehen, dass eine persönliche Beratung dort gut hilft. Die Mutter ist dann mit ihren Sorgen nicht länger allein. Vielleicht fühlt sie sich – bewusst oder unbewusst – durch das Baby an ihre eigene ungute Kindheit erinnert und leidet darunter. Möglicherweise sehen die Eltern im Baby Ähnlichkeiten mit der eigenen Mutter oder dem eigenen Vater und sind deswegen verwirrt. Sie meinen, ihr Kind möchte sie ärgern. Oder sie sind erschrocken, dass sie selbst wie ihre Eltern fühlen. Meistens fehlen ihnen jedoch noch die Worte, um zu beschreiben, was in ihnen vorgeht. Stattdessen machen sich Unruhe und Aggressionen breit.

Wenn Eltern in ihrem Kind einen anderen sehen, nämlich jemanden, der ihnen damals als Kind selbst Leid zugefügt hat, dann ist das wie ein „Gespenst im Kinderzimmer" – so hat es die amerikanische Psychoanalytikerin Selma Fraiberg genannt. Erkennt man dieses „Gespenst" in der Therapie, so löst sich der Knoten, und die Beziehung zum Kind verbessert sich genauso wie sein Befinden. Wer mit einem Therapeuten zusammen die möglichen Hintergründe für das Schreien des Babys erkennt, der kann wirkliche Hilfe erfahren, auch wenn dieser Schritt viel Mut erfordert und schmerzhaft sein kann. Am Ende steht das gemeinsame Wachstum.

Sind die ersten drei oder vier Monate vergangen, ist auch die Unruhe vorbei: Das Kind hat sich an unsere Welt gewöhnt und schläft immer besser. Es beginnt, aktiver zu kommunizieren: Es lächelt, reagiert mit Lauten, wenn man es anspricht und kann recht lange die Blicke von Vater oder Mutter erwidern. Der Säuglingsforscher Robert Emde hat diese Phase das „Erwachen der sozialen Fähigkeiten" genannt.

Die nächste anstrengende Zeit folgt erst wieder, wenn das Kind etwa sechs Monate alt ist und sich gewaltig aus der engen Einheit mit der Mutter löst. So manche Mutter ist traurig darüber. Sie wird fast depressiv und zieht sich aus der Babygruppe oder dem Stillkreis zurück – ohne dass sie sagen könnte, warum eigentlich. Es ist schmerzlich für beide Seiten, wenn die Säuglingszeit definitiv am Ende ist. Manche Mütter stillen in dieser Zeit ab. Die meisten jedoch beginnen zumindest mit dem Zufüttern. Im Kind passiert dabei enorm viel. Es wird unruhig und kommt mit seinen Entwicklungsschritten selbst kaum mit. Bis zum Alter von etwa einem Jahr kann es sein, dass es nachts einmal pro Stunde wach wird – manche Kinder wachen sogar alle paar Minuten auf. Viele Eltern müssen einfach abwarten und sagen: „Das ist jetzt halt so."

Manche Eltern überschätzen das Schlafbedürfnis ihres Kindes. In der Regel brauchen die Kinder weniger Schlaf, als es

> **Im Alter von sechs Monaten löst sich das Kind aus der Mutter-Kind-Einheit.**

die Eltern von ihnen erwarten. Die Kleinen werden dann allzu wach ins Bett gelegt oder ihr Nachtschlaf ist unterbrochen, weil sie nicht müde genug sind.

Doch unabhängig davon, ob die Eltern etwas gegen die „Schlafprobleme" unternehmen oder nicht – die meisten Mütter stellen fest, dass ihr Kind etwa um den ersten Geburtstag herum plötzlich wieder viel besser schläft. Mit oder ohne vorherige Kopfstände.

Im Laufe des zweiten und dritten Lebensjahres fängt die Fantasie des Kindes an zu blühen. Es kann sich immer mehr Dinge ausmalen und schreckt nachts durch Albträume auf. Irgendwann in der Nacht findet es dann den Weg in das Bett der Eltern. Die meisten Familien manövrieren sich allein durch diese Zeiten von Hochs und Tiefs und schaffen es ganz gut, die passenden Rituale zu finden, mit denen sie dem Kind je nach Phase in den Schlaf helfen können. Meistens beginnt immer dann eine neue Phase, sobald die Eltern gerade etwas Passendes zum Einschlafen gefunden haben. Dann müssen sie sich wieder neu einstellen.

Das Vorlesen aus Bilderbüchern dagegen ist erst recht spät möglich. Die Kleinen haben nicht die Ausdauer, zuzuhören, bis eine Seite zu Ende gelesen ist. Fast immer blättern die Händchen die Bilderbuchseite um, bevor die Mutter am Seitenende angekommen ist (dabei hätte sie zu gerne gewusst, wie die Geschichte ausgeht). Mit etwa drei Jahren dann finden die Kinder es schön, vollständige Geschichten vorgelesen zu bekommen. Sie müssen sich jetzt nicht mehr unbedingt die Bilder dazu angucken, denn sie können sich die Geschichten vorstellen, während die Mutter liest.

Doch bei allen Diskussionen sollte man nicht vergessen: Ein müdes Kind schläft ein. Das macht die Natur so. Dennoch ist es für viele Eltern eine Kunst, ihr Kind in den Schlaf zu begleiten – und wenn das kleine Päckchen dann schlafend daliegt, ist es wie ein kleines Kunstwerk, das man schleichend verlässt. Jeder klingelnde Postbote oder laute Nachbar wird verflucht.

Auch wenn lange gar nichts beim Einschlaf-„Problem" hilft, so richtet es meistens die Zeit. Die wachsende Erfahrung, dass die Entwicklung der Kinder in Phasen verläuft, lässt die Eltern immer gelassener werden.

Unfassbare Fälle

Immer wieder hört man von Müttern, die ihre neugeborenen Babys umgebracht haben. Fassungslos steht man vor diesen Nachrichten und fragt sich: „Wie kann so etwas sein?" Auch wenn so etwas äußerst selten passiert, so ist es vielleicht doch wichtig, ein wenig von der Psyche dieser Mütter zu verstehen. Solche Taten stellen natürlich Extrempunkte dar, und depressive Mütter, die Angst haben, ihrem Kind etwas anzutun, die tun ihrem Kind in den allerseltensten Fällen wirklich etwas an. Die Mütter, denen so etwas passiert, sind meist solche, die gar nicht über ihre Situation nachdenken können. Sie sind vollkommen gefangen in ihrer Not. Es sind Mütter, die oft selbst eine schwerste Kindheit erlebt haben mit sexuellem Missbrauch oder körperlicher Gewalt. Wenn sie ihr Kind geboren haben, dann ist es für sie, als hielten sie ein Stück ihrer eigenen Seele in der Hand. Den Teil ihrer Psyche, den sie in sich kaum aushalten können. Manche haben das Gefühl, mit dem

Die Kindstötung ist oft das Ergebnis eines ursprünglichen Gefühls tiefster Verzweiflung.

Baby ist all das Böse aus ihnen herausgekommen: die Erinnerungen, die Verfolgungsgefühle, der Hass aus ihrer eigenen Kindheit. In ihrem Baby sehen sie sich selbst wieder. Die Mütter glauben – bewusst oder unbewusst –, dass sie die Schmerzen in ihrer Psyche loswerden, wenn sie das Kind töten. Sehr oft sind es Mütter, die den Bezug zur Realität zeitweise verloren haben, also unter einer sogenannten „Psychose" leiden.

Viele dieser Mütter töten ihr Kind in einem Zustand, in dem sie nicht „bei sich" sind. Sie töten im Affekt, aus einem plötzlichen Drang heraus, und wachen sozusagen nach der Tat auf. Dann können sie selbst nicht begreifen, was sie getan haben; oft können sie diese Handlung noch nicht einmal sich selbst zuordnen. Sie bestreiten unter Umständen die Tat. Nicht nur, weil sie es nicht wahrhaben wollen, sondern auch, weil sie sich nicht so fühlen, als hätten sie selbst es getan.

Natürlich gibt es viele weitere Erklärungsmodelle und solche Erklärungen können auch nichts entschuldigen. Die

Unfassbarkeit bleibt. Aber vielleicht ist es hilfreich, über solche Mechanismen der Psyche etwas zu wissen. Dies sind Theorien und Modelle, die Psychologen aus jahrelanger Arbeit mit psychisch schwer kranken Menschen entwickelt haben. Viele psychisch kranke Menschen verlagern ihre Gefühle, die sie kaum aushalten können, nach außen. Auch Gesunde kennen diesen Mechanismus allzu gut: Wenn man wütend ist, denkt man manchmal, die ganze Welt um einen herum sei ebenfalls unfreundlich, schlecht gelaunt und angriffslustig. Bei einer psychischen Erkrankung laufen solche seelischen Vorgänge jedoch viel stärker und über längere Zeiträume ab. Frauen, die ihr Kind umgebracht haben, hatten vorher ihren eigenen Hass, ihre eigene Scham oder Angst in ihrem Kind gesehen und geglaubt, sie könnten diese negativen Gefühle und Erinnerungen loswerden, indem sie ihr Kind beseitigen.

Der mütterliche Umgang mit den kindlichen Gefühlen

Auch uns Erwachsenen passiert es in emotional aufgeladenen Situationen, dass wir von unseren heftigen Gefühlen überfordert sind. Für Babys und Kleinkinder ist das Alltag. Wenn ein Baby beispielsweise Hunger hat, dann ist es durch und durch hungrig. Jede Mutter kennt den plötzlichen Schrei wie aus dem Nichts heraus, der so viel bedeutet wie: „Sofort, bitte!", obwohl Sekunden vorher die Welt noch in Ordnung schien. Wenn ein Kleinkind Angst hat, dann hat es sie in einem unerträglichen Maß, und wenn ein Baby unruhig ist, dann bis in die letzte Fingerspitze. Doch was soll es tun? Es bleibt ihm nichts anderes übrig, als der Mutter durch Schreien und Bewegungen zu zeigen, dass es

Kleinkinder können sehr leicht von ihren Gefühlen schier überwältigt sein.

sich unerträglich „schlecht" fühlt. Das kommt bei der Mutter eindeutig an. Sie kann mit ihrem Baby richtig mitleiden und sie kann das Leiden beenden. Sie geht zu ihrem Kind, nimmt es auf, beruhigt es und gibt ihm das Fläschchen oder die Brust. Das Kind beruhigt sich. Was hier so aussieht wie ein vorwiegend körperliches Zusammenspiel, ist auch ein bedeutsamer Austausch auf psychischer Ebene. Das „schlechte Gefühl" des Hungers wird durch die Mutter sowohl körperlich als auch seelisch in das gute Gefühl des Sattseins umgewandelt.

Je älter das Kind wird, umso mehr wird die vorerst stark körperliche Kommunikation zur „geistigen" und sprachlichen Verständigung mit der Mutter. In den ersten Lebenswochen geht es beim Zusammenspiel von Mutter und Kind meist um Füttern, Schlaf, Warmhalten und Körpernähe. Die Mutter bewirkt durch ihre Reaktionen, dass

Die Mutter sortiert für das Baby die Welt.

das Chaos im Kind eine Ordnung findet. Die Mutter differenziert die Welt in drinnen und draußen für das Baby, sodass es immer mehr von beiden Welten verstehen kann.

Schon in den ersten Wochen nach der Geburt bemerkt das Kind, dass die Mutter und es selbst getrennte Wesen sind. Ein Gefühl von „Selbst" taucht bald im Kind auf. Wenige Monate später beginnt das Kind zu robben oder zu krabbeln — es entsteht nun auch ein räumlicher Abstand zwischen Mutter und Kind. Körperlich bewegt sich das Kind fort, aber psychisch möchte es die Nähe zur Mutter halten. Verlassenheitsängste machen sich breit. Das Kind möchte sich immer wieder bei der Mutter rückversichern, dass sie noch da ist. Sobald das Kind laufen kann, ist es das Größte, im Spiel von der Mutter wegzulaufen und sich von ihr fangen zu lassen. Hier spiegeln sich die wechselseitigen Wünsche nach Freiheit und Geborgenheit wider. Den räumlichen Abstand zwischen Mutter und Kind kann bald die Sprache überbrücken.

Mit zunehmendem Alter kann das Kleinkind seine Gefühle durch Worte äußern.

Mit der Zeit lernt das Kind immer besser, seine Gefühle einzuordnen und spontane Gefühle, auch „Affekte" genannt, zu steuern. Dennoch stehen „Schlagen, Kratzen, Beißen" bis zum Alter von etwa drei oder vier Jahren an der Tagesordnung. Je besser sich die Sprache entwickelt und je mehr das Kind gelernt hat, innerlich Abstand zum Nächsten zu halten, desto weniger muss es bei Wut sofort das nebenstehende Kind schlagen.

Doch die Fähigkeit, Gefühle einzuordnen und auch mit spontanen, heftigeren Emotionen umzugehen, kommt nicht von selbst. Das Kind lernt diese Kunst, indem es mit der Mutter kommuniziert. Das kleine Kind lädt zunächst seine Gefühle bei der Mutter ab. Sie nimmt die Gefühle des Kindes erst einmal wie ein Behälter auf und lässt sie bei sich. Wenn es der Mutter gut geht, dann kann ihr Kind ruhigen Gewissens bei ihr alles abladen, was es bedrückt. Wenn ein Kind schreit, dann nimmt die Mutter das Schreien zur Kenntnis, fühlt sich ein und interpretiert dann das Schreien. Sie versucht, herauszufinden, wie sich ihr Kind fühlt. Je besser sie es kennt, desto eher findet sie die mögliche Ursache. Daher ist es wichtig, dass die beiden viel Zeit miteinander verbringen. Das Kind schreit und die Mutter weiß im besten Fall, ob es Hunger hat oder Schmerzen, ob es sich langweilt oder gerade erschreckt hat. Mütter, die in sich gefestigt sind und selbst nicht allzu große Sorgen mit sich herumtragen, können das Schreien des Babys „ertragen" und in Ruhe bei sich aufnehmen, bis sie wissen, was genau das Baby sagen will. Erst dann reagieren sie auf ihr Kind. Sie geben ihm das, was es gerade braucht: Milch, Aufmunterung, Trost oder Beruhigung. Die Mutter hält und verarbeitet die Gefühle, die das Kind ihr zeigt und gibt sie ihm in reifer, „denkbarer" Form zurück. Wenn sie die Gefühle des Kindes selbst aushalten kann, fühlt sich das Kind verstanden, gehalten und getröstet. Aus diesem immer wieder-

Von Beginn an erklärt die Mutter dem Kind in Worten seine Gefühle, sodass es später selbst Worte für seine Welt finden kann.

kehrenden Zusammenspiel lernt das Kind über die Jahre, seine Gefühle allein zu bewältigen, indem es sie für sich selbst so verarbeitet, wie es ehemals die Mutter getan hat.

Jeder, der ein fast dreijähriges Kind hat, kann das einmal ausprobieren: Ein Kind trotzt und schreit aus voller Kraft, weil es unbedingt etwas haben will. Wenn man nach einer Weile selbst sortiert ist und sich ruhig daneben setzt, dann kann man zum Kind sagen: „Ich sehe, dass du das unbedingt haben willst. Und ich verstehe, wie wütend du darüber bist, dass ich dir das gerade nicht geben kann." Erstaunt wird man vielleicht feststellen, wie das Kind ruhiger wird und „Ja" sagt. Vielleicht wiederholt es die Worte der Mutter sogar und sagt so etwas wie „Ich will das haben" oder „Ich bin wütend". Das Gefühl ist zwar immer noch schlimm für das Kind, aber es kann es aushalten. Das vormals schreckliche Gefühl wurde mit der Mutter geteilt und hat seinen Schrecken verloren – es ist handhabbar geworden und kann nun ausgehalten werden. Der Schmerz ist vielleicht nicht ganz weg, doch er ist nach dem Trost durch die Mutter „übersichtlicher" geworden. Das, was vorher nur gefühlt werden konnte, kann auf einmal gedacht werden. Dem Kind wird bewusst: „Das, was ich fühle, ist Wut und Traurigkeit, und Mama kann mir diese Gefühle erträglich machen."

Solch eine Umwandlung passiert übrigens auch nach dem Träumen. Wenn wir träumen, dann „sind" wir ganz Traum. Wenn wir wach sind, dann können wir darüber nachdenken und reden. Wir haben dann eine Umwandlung von „ein Gefühl sein" zu „ein Gefühl haben" vollzogen. Kleine Kinder können zunächst über ihre Situation noch nicht nachdenken. Daher ist alles, was sie erleben, auch unmittelbar, klar und „groß". Wir alle können uns wohl an Szenen und Bilder aus unserer Kindheit erinnern, die uns unglaublich nahe und plastisch im Gedächtnis hängen geblieben sind.

Psychologisch gesehen bekommt das Kind durch die Mutter seine Gefühle in „verdauter Form" zurück. Psychisches und körperliches Gedeihen hängen dabei eng zusammen. Daher hat die Angst der Mutter, dass ihr Baby nicht satt werden könnte, sehr oft auch eine psychische Bedeutung. Nicht selten sind sogenannte „Gedeihstörungen" des Babys ein Hinweis darauf, dass die Mutter die Gefühle ihres Kindes gerade nicht ausreichend gut halten kann. Vielleicht, weil sie selbst jemanden bräuchte, der ihre eigenen Gefühle hält. Wenn die Mutter selbst mit eigenen Schmerzen, Problemen, mit Traurigkeit oder Wut konfrontiert ist, funktioniert das „Halten" der Gefühle des Kindes weitaus schlechter, als wenn es ihr gut geht. Eine Mutter, die gerade eine Fehlgeburt erlitten hat, wird kaum in der Lage sein, sich mit ungeteilter Aufmerksamkeit ihrem ersten Kind zu widmen. Manchmal reagiert das Kind dann mit Appetitlosigkeit. Auch das kennen wir als Erwachsene noch: In angespannten Situationen vergeht uns der Appetit. Ist die Situation überstanden, atmen wir erleichtert auf und stellen fest, dass wir großen Hunger haben.

Alle Mütter wissen, dass sie an einem Tag das Schreien ihres Kindes sehr geduldig aufnehmen können, ihnen aber an einem anderen Tag die Haare davon zu Berge stehen. Immer wieder gelangen Eltern an Punkte, an denen sie nicht fähig sind, einfühlsam die Gefühle ihres Kindes aufzunehmen, weil sie mit eigenen unverdauten Problemen beschäftigt sind. Das Schreien des Kindes kann dann den inneren Kummer der Mutter verstärken, weil sie denkt: „So ähnlich fühle ich mich auch gerade. Doch für mich ist niemand da." Es ist ganz normal, dass dieses Nicht-eingehen-Können im Alltag immer wieder vorkommt. Tagelang können sich die Mütter oft nicht auf das Kind konzentrieren, wenn sie beispielsweise Stress im Beruf oder mit dem Partner haben. Doch solange es sich nur um Phasen handelt, kann ein Kind gut damit umgehen und auf bessere Zeiten warten. Wenn die Mutter jedoch in der überwiegenden Zeit angespannt ist, etwa, weil sie plant, sich von ihrem Partner zu trennen oder weil das Kind schwer auszuhaltende Kindheitserinnerungen in ihr weckt, dann kann das Kind möglicherweise ein Problem entwickeln.

Halten und gehalten werden sind ein Leben lang für uns wichtig.

In guten Beziehungen erleben wir manchmal, dass wir nach einem Gespräch etwas in Worte fassen können, was wir vorher nicht konnten. Der andere hat unsere Gefühle für uns quasi verdaut. Das ist besonders in Psychotherapien der Fall. Patienten, die für ihre Situation keine Worte finden, verhalten sich manchmal so, dass der Therapeut sich so fühlt wie der Patient selbst. So machen es auch die kleinen Kinder, bevor sie sprachlich sicher sind. Sie machen die Mutter einfach verrückt mit ihrem Geschrei und bald fühlt sich die Mutter so aufgebracht wie das Kind selbst. Das Kind hat ihr ohne Worte nahegebracht, wie es sich selbst fühlt.

Wenn die Mutter die Kraft hat, innezuhalten und nachzudenken, kann sie die Situation entschärfen und dem Kind Worte für sein Befinden geben. Auch in einer Therapie nimmt der Therapeut die Gefühle des Patienten auf und verpackt sie in Worte. So wird ein Gespräch möglich, Gefühltes kann gedacht werden. Der Patient ist dann meistens sehr erleichtert.

Was tun, wenn das Kind überaktiv und unkonzentriert ist?

Viele Psychologen vermuten, dass das Aufmerksamkeitsdefizit-Hyperaktivitätssyndrom (ADHS) besonders in Situationen entsteht, in denen eine Mutter die Gefühle ihres Kindes nicht ausreichend „halten" kann. Das Kind ist dann mit seinen unerträglichen Gefühlen auf sich selbst zurückgeworfen und hat niemanden, der ihm hilft, seine Gefühle anzuschauen, zu behalten und zu verarbeiten. Das macht außerordentlich unruhig.

Manche Mütter von ADHS-Kindern spüren diesen Zusammenhang, sind jedoch davon so betroffen, dass es sie fast verzweifeln lässt. Sie wissen in dem Moment nicht, was sie tun können und finden die Vorstellung furchtbar, sie könnten vielleicht zu der Unruhe des Kindes beitragen. Manchmal sind es Mütter, die einen hohen Anspruch an sich selbst haben. Eigene Schmerzen haben sie gut unter Kontrolle und ihr Leben lang gut abgewehrt. Doch das unruhige Kind macht nun auf versteckte Probleme wieder aufmerksam. Wie schwierig das für die Mütter manchmal ist, zeigt sich oft an verhärteten Fronten von Selbsthilfegruppen. Dort gibt es sehr erfolgreiche Mütter, die Großes leisten. Sie sind zutiefst verunsichert, wenn Psychologen aus der tiefenpsychologischen Richtung die Andeutung machen, dass sie auf unbewusste Weise an der Unruhe beteiligt sein könnten. Sie tun alles Erdenkliche, damit es ihrem Kind gut geht – solch ein Hinweis erscheint ihnen dann wie ein Affront. Das ist ein Riesenbatzen, den zu schlucken viele Mütter kaum imstande sind. Doch Beziehungen haben einen großen Einfluss auf den Verlauf der „Störung". Dabei geht es nicht um falsche Erziehungsmethoden oder um die „Unfähigkeit" der Eltern. Alle haben ihre kleinen Fehler, die in der Erziehung zum Tragen kommen, aber eher zu gesunder Lebendigkeit als zu einer Störung führen.

Viele Mütter befürchten, sie könnten zu der Unruhe des Kindes beitragen.

Ich spreche von „unbewussten Schmerzen" der Eltern. Da ist zum Beispiel die Mutter, die sich immer irgendwie schuldig für den frühen Tod ihres Bruders gefühlt hatte. Jetzt bringt sie dieses unbewusste Schuldgefühl in die Beziehung zu ihrem Sohn ein, ohne dass sie es merkt. Mutter und Sohn spüren nur eine wie auch immer geartete Last. Oder da ist der Vater, der den Ansprüchen seines eigenen Vaters nie genügen konnte und nun unbewusst dieses Gefühl der Unzulänglichkeit seiner Tochter vermittelt.

Um solch feine Dinge geht es. Um Belastungen der Eltern, denen bisher nicht genügend Rechnung getragen wurde. Oder um Sorgen und Zweifel, mit denen sich die Eltern bisher an niemanden wenden konnten. Es ist so wichtig, dass man nicht nur mit Kopfschmerzen den Arzt aufsucht, sondern auch mit seelischem Unwohlsein den Therapeuten.

Man könnte fast sagen, eine Mutter ist oft deswegen so schlecht fähig, die Gefühle ihres Kindes zu halten, weil sie „zu sehr liebt". Sie möchte ihr Kind vor den Schmerzen, die sie vielleicht selbst erleben musste, bewahren und glaubt, mit Ablenkung oder schneller Aufmunterung das Kind von seinem momentanen Problem zu befreien.

Für Außenstehende ist es immer leicht, über die Schwierigkeiten anderer zu reden. Es ist sogar leicht, darüber zu schreiben. Doch wer selbst betroffen ist, der steht anders da. Nur wenige betroffene Mütter wagen es, sich der Sichtweise zu öffnen, dass sie möglicherweise selbst am Verhalten und an den Gefühlen ihres Kindes zu einem gewissen Grad beteiligt sind – aber ohne Schuld.

Doch das Gute an dieser Sichtweise: Mutter und Kind werden wieder handlungsfähig. Sobald die Spur des Problems gefunden ist, können Mutter und Kind nach und nach zu einem ruhigeren Leben zurückfinden. Dann ist es nicht mehr so, dass die Mutter ihr Kind sofort ablenken möchte, wenn es traurig ist. Dann braucht sie beispielsweise die Unruhe des Kindes nicht mehr, auf die sie bisher unbewusst angewiesen war, um aus ihrer Depression zu finden. Oder sie ist endlich wieder emotional erreichbar, sodass das Kind nicht erst den Suppenkaspar spielen muss, um auf sich aufmerksam zu machen. Worte nehmen den Platz der Unruhe ein.

Die Lösungen sind so vielfältig wie die möglichen Probleme, die hinter der Störung liegen.

Einige Mütter spüren, dass sie eigentlich ihre Probleme angehen müssten, um ihrem Kind zu helfen. Doch die Angst, sich mit sich selbst auseinanderzusetzen, hindert sie an den nötigen Schritten. Die Mutter findet keinen Anfang. Sie hat oft so lange ein schlechtes Gefühl, bis sie über ihren eigenen Schatten springt.

Mütter, die Mut fassen und selbst eine Therapie beginnen, stellen oft fest, dass an die Stelle von Schuldgefühlen Neues tritt: eine liebevollere Eigenbeobachtung und die Auseinandersetzung mit eigenen traurigen oder problematischen

Erlebnissen. So kann die Mutter frei werden und hat Platz für die aufgebrachten Momente ihres Kindes.

Allerdings ist nicht jede Zappelei gleich eine Störung und selbst wenn ein Kind die Diagnose „ADHS" erhält, heißt das noch lange nicht, dass Mutter oder Kind eine Therapie benötigen. Dieses Thema ist ein unglaublich weites Feld – und die hier beschriebene psychoanalytische Sichtweise ist nur eine von unzähligen Erklärungsversuchen. Die Tendenz, auch solche Dinge als „krank" einzustufen, die durchaus im Bereich des Normalen liegen, ist hierzulande groß. Entscheidend sind jedoch die eigene Einschätzung und das eigene Empfinden.

Kinder – nur ein Spiegel ihrer Eltern?

Schon Babys merken, welche ihrer Verhaltensweisen bei den Eltern erwünscht sind und welche nicht. Eltern, die mit eigenen schweren Kindheitserinnerungen zu kämpfen haben, können es manchmal kaum aushalten, wenn ihr Kind in bestimmten Situationen weint. Zu sehr erinnert es sie an ihren eigenen Schmerz aus der Kindheit. Sie können das Weinen des Kindes nicht aushalten und wollen es auf der Stelle abschalten. Das merkt das Kind und vermeidet so irgendwann, „zu viel" zu weinen. Es will die Eltern

Wenn Eltern zu viel Anpassung vom Kind verlangen, verhält es sich anders, als es fühlt.

schonen. Dasselbe kann auf allen möglichen Ebenen passieren – das Kind passt sich den Eltern an. Es lernt Klavier spielen, obwohl es ihm nicht liegt, aber weil die Eltern es früher selbst gerne gelernt hätten; es wird „ein harter Kerl", obwohl das Kind eigentlich sensibel ist und gerne seine weichen Seiten zeigt; es soll Bilder malen, obwohl es lieber auf Bäume klettern würde. Es spricht nichts dagegen, sich den ein oder anderen Kindheitswunsch im eigenen Kind zu verwirklichen – das machen fast alle Eltern und es macht ja auch Spaß, wenn man dem Kind das bieten kann, was man selbst immer gerne gehabt hätte. Doch wenn die Eltern, oft unbewusst, zu viel Anpassung vom Kind verlangen, kann das Kind über die Zeit ein sogenanntes „falsches Selbst" entwickeln.

Das Kind fühlt unter Umständen sogar so, wie die Eltern es von ihm erwarten. Hier spielen komplizierte Kommunikationsmechanismen in der frühesten Kindheit eine Rolle – etwa, wenn Eltern ständig die Gefühle fehlinterpretieren, die ihr Kind ihnen zeigt. Das „wahre", lebendige Selbst wird unbewusst zurückgedrängt. Dies passiert sowohl unter großem offensichtlichen als auch unter subtilem Druck der Eltern. Die Folgen dieser „Fehlleitung" machen sich oft erst im Erwachsenenalter bemerkbar. Die Betroffenen fühlen sich sinnentleert, ergreifen den „falschen" Beruf und leiden beispielsweise an einer Depression oder narzisstischen Persönlichkeitsstörung. Eine psychoanalytische Therapie kann den Weg zurück zu sich selbst ebnen.

„Sei doch einfach du selbst", sagen wir manchmal und wissen doch auch, wie schwer das oft ist. Wir bewegen uns wie der Vater, lächeln wie die Mutter oder schimpfen mit unseren Kindern genauso, wie unsere eigenen Eltern mit uns geschimpft haben. Nicht selten ist eine Mutter von den Worten betroffen, die da auf einmal aus ihrem Mund kommen – mit altbekannter Betonung oder mit schon immer gehasster, schriller Stimme. Da scheint auf einmal die eigene Mutter aus einem selbst zu sprechen. Dann merken wir, wie nah uns die Eltern immer sind und wie viel wir von ihnen automatisch, oft auch unwillentlich, aufgenommen haben. Wichtig für die persönliche Entwicklung ist es, diese unliebsamen Seiten nicht zu verdrängen, sondern sie zu bemerken, ihnen Raum zu schenken und darüber nachzudenken. Vor allem gilt es zu bedenken, dass jeder neben den „negativen" Wesenszügen mindestens genauso viele positive Eigenschaften von den Eltern „aufgesogen" hat.

> **Jeder trägt Anteile von seinen Eltern in sich, die er schätzt oder ablehnt.**

Allein, aber nicht verlassen: die Mama im Gepäck

Jeder hat eine Vorstellung von seinen engsten Bezugspersonen – wer sie sind, wie sie im Allgemeinen handeln, reagieren und wie sie sich uns gegenüber verhalten. Wir haben zudem eine sehr genaue Vorstellung über uns selbst.

Diese Vorstellungen, die wir haben, nennen Fachleute „Repräsentanzen". Es sind fest verankerte Bilder, die wir von anderen und auch von uns selbst in unserem Kopf herumtragen.

Solch eine innere Vorstellung aufzubauen und stabil werden zu lassen, ist eine großartige Leistung. Die ersten Vorstellungen, die fest in uns sind, haben wir meist von Mutter und Vater gebildet. Kinder können diese Bilder aufbauen, wenn sie verlässliche und konstante Bezugspersonen haben. Manche psychischen Erkrankungen rühren daher, dass Bilder von nahen Bezugspersonen zu negativ sind oder nur unvollständig in der eigenen Psyche aufgebaut werden konnten. Das führt bei manchen Menschen zu starken Trennungsängsten, denn wenn sie den anderen nicht mehr sehen, ist er wie „weg" für sie. Dieser Mechanismus kann bei Angststörungen eine Rolle spielen.

Sobald das Kind eine feste Vorstellung von der Mutter hat und sich an sie erinnern kann, hält es eine gelegentliche Trennung von ihr sehr viel leichter aus.

Kleine Kinder entwickeln erst langsam die Vorstellung von Mutter und Vater in sich. Das ist auch der Grund, warum viele Kleinkinder Trennungen von der Mutter so schwer verkraften: Sie haben die Vorstellung von ihr noch nicht so weit aufbauen können, dass sie über die Zeit der Trennung trägt. Erst mit etwa 18 Monaten schafft es ein Kleinkind, in seinem Inneren eine sichere Vorstellung von der Mutter in sich zu bewahren. Das Kleinkind hat dann „die Mutter im Gepäck", auch wenn sie nicht da ist.

Zwar haben bereits Babys eine Vorstellung davon, dass ein Gegenstand weiter existiert, auch wenn sie ihn nicht sehen – mit bereits vier Monaten weiß ein Kind, dass ein Bauklotz, den man unter einem Hütchen versteckt, immer noch darunter vorhanden sein muss. Doch die Vorstellung von einem anderen Menschen in sich zu halten, wenn er längere Zeit abwesend ist, ist sehr viel schwieriger.

Aber wie schafft es ein kleines Kind überhaupt, so eine Vorstellung von der eigenen Mutter aufzubauen? Der Säugling nimmt zuerst besonders die Körpernähe zur Mutter wahr. Wenn er Hunger hat, vermisst er mehr das „Teilobjekt Brust" als die ganze Mutter – und so fühlen sich dann viele Mütter auch. „Ich bin nur noch Brust", stöhnen sie in den ersten Monaten, oder „Ich bin nur noch Futterquelle, was anderes interessiert mein Kleines gar nicht". Der Säugling hat in diesem Moment eine „Teil-Vorstellung" von der Mutter in sich. Das Kind nimmt wahr: Die Brust der Mutter duftet gut und sie nährt mich, das Lied der Mutter beruhigt mich, die nervöse Mutter ängstigt mich.

Früher nahmen viele Kleinkindforscher an, dass das Kind erst allmählich die vielen Teilaspekte der Mutter „zusammenbaut" und sie erst dann als ganze Person wahrnimmt. Heute gehen die Forscher eher davon aus, dass das Kind die Mutter viel früher als „ganze Person" wahrnimmt, als zuvor gedacht.

Allerdings findet man auch bei älteren Kindern oder bei Erwachsenen mit psychischen Problemen solche „Teilvorstellungen" wieder. Da gibt es den „eitlen Gockel", der andere Menschen nur dazu benötigt, sein Selbstwertgefühl zu stärken. Oder die Frau mit der Angststörung, die in ihrem Partner nur denjenigen sieht, der sie zeitweise von ihrer Angst befreit. Auch, wenn wir als gesunde Erwachsene in Krisen sind, sehen wir in einem anderen manchmal nur den „Tröster" oder den „Helfer". Sobald es uns besser geht, erkennen wir ihn als „Ganzen" und entdecken auch seine Macken. Dasselbe passiert über die Zeit, wenn wir verliebt sind.

Auf dem Weg zur stabilen Vorstellung von der „ganzen, größtenteils liebevollen Mutter" wissen die Kleinsten sich zu helfen: Sie schaffen sich ein sogenanntes „Übergangsobjekt". Damit ist der Teddy, das Schnüffeltuch oder die Puppe gemeint – alles, was auf keinen Fall kaputtgehen oder verloren gehen darf. Es riecht gut, schmeckt gut, ist weich und vertraut. Es erinnert an die Mutter, wenn sie nicht da ist und stellt in der Fantasie des Kindes die Brücke zur abwesenden Mutter her. Wenn das Kind sein „Übergangsobjekt" fest im Arm hält, dann ist es fast so, als wäre die Mutter da. Es ist ein Symbol für die Mutter und beruhigt ungemein. Daher sollten die Eltern die Liebe zu diesem Objekt auch sehr ernst nehmen. Wenn es bei

Ein Teddy, Schnüffeltuch oder eine Puppe helfen dem Kind, die Trennung von der Mutter zu verkraften.

einer Trennung von der Mutter fehlt, dann kann das Kind große Not empfinden. Was die Erwachsenen manchmal als „pures Theater" abtun, bereitet dem Kind wirklichen Kummer. Denn ohne seinen Teddy kann es sich die Mutter viel schlechter „herbeivorstellen". Das geliebte Stück Stoff spendet Vertrauen, Trost und verhilft in den Schlaf, wenn die Mama nicht da ist.

Auf Freuds Spuren: die psychosexuelle Entwicklung

Nuckeln ist das Größte

Der Film „Ödipussi" von Loriot war ein voller Erfolg. Sigmund Freuds Theorie über die „Psychosexuelle Entwicklung" erregt bis heute die Gemüter. Doch was genau mit der oralen, analen und ödipalen Phase gemeint ist, wissen nur die wenigsten. Wer allerdings Kinder hat, der kann die typischen Anzeichen dieser Entwicklungsschritte genau beobachten. Auch wenn es teilweise große Zeitunterschiede in der Kindesentwicklung gibt, so kann man ungefähr sagen, dass sich ein Kind im ersten Lebensjahr in der oralen Phase, im Alter von zwei und drei Jahren in der analen und von vier bis sechs Jahren in der ödipalen Phase befindet.

Im ersten Lebensjahr stehen Saugen, Nuckeln und das Verlangen, alles in den Mund zu nehmen, an erster Stelle. Das Wort „oral" leitet sich vom Lateinischen „Mund" ab. In dieser Phase geht das Nuckel-Bedürfnis weit über das Bedürfnis, Nahrung aufzunehmen, hinaus. Das Nuckeln ist eine wunderbare Methode, sich selbst zu beruhigen. Somit gehört es zu den ersten eigenen Mitteln, mit denen das Kind seine Gefühle selbst steuern kann. Ein Baby entdeckt seine Welt mithilfe des Mundes. Unsere Zunge empfindet die Gegenstände etwa sechsmal so groß wie sie in Wirklichkeit sind. Denken wir nur an ein Körnchen Leinsamen, das uns zwischen den Zähnen steckt: Wir halten es für einen regelrechten Dorn. Die Zunge sagt uns, was uns schmeckt. Auf den Lippen sind die Rezeptoren des Tastsinns so dicht angesiedelt wie nirgendwo sonst. Über den Mund erfahren wir etwas über die Konsistenz, die Temperatur und Form eines Gegenstandes.

Die Liebe geht dann „ganz durch den Magen" und das Kind hat die Mutter „zum Fressen" gern – auch umgekehrt. Der körperliche Kontakt während des Stillens oder des Fütterns mit der Flasche ist für das Kind eine wertvolle Erfahrung. Während der Stillzeiten gibt es eine große Spannbreite zwischen zärtlichem Anschmiegen und aggressivem „Auffressenwollen". Alles will das Kleine begierig haben. Zu Beginn des Lebens überwiegt das passive Bekommen. Mit den einsprießenden Zähnchen und dem Einsatz der Hände entwickelt sich am Ende der oralen Phase das aktive Nehmen. Die Welt wird handhabbar und begriffen.

Fantasien vom „Fressen und Gefressenwerden" gibt es sowohl bei der Mutter als auch beim Kind.

Säuglinge erhalten meistens ihre Milch sofort, wenn sich Hunger anbahnt. Mutter und Kind sind so nah beisammen, dass der Hunger gestillt wird, sobald er sich bemerkbar macht. Doch bereits in Zeiten, in denen das Kind plötz-

Das Baby lernt zaghaft den ersten Umgang mit Frustration.

lich mehr Milch benötigt und die Brust erst durch vermehrtes Saugen zur Nachproduktion anregen muss, ist es gezwungen, sich zu gedulden und die Erfahrung zu machen, nicht sofort ganz satt zu werden.

Wenn es dann älter wird und die Mutter mehr mit ihm unternimmt, nehmen auch die Frustrationen zu, weil die Brust nicht mehr sofort zur Stelle ist. Dieses Realitätsprinzip führt dazu, dass das Kind lernt, sich selbst von der Mutter zu unterscheiden. Es erfährt, dass die „Futterquelle" von außen kommen muss, wenn es Hunger hat und nicht vollkommen den eigenen Wünschen gehorcht.

Für das Baby bedeutet gefüttert zu werden nicht nur, Nahrung in den Magen aufzunehmen, sondern auch, das Bild von der Mutter in seiner Psyche wachsen zu lassen. Das Baby verbringt sehr viel Zeit damit, sich die Mutter genau anzusehen. Im Kind entsteht ein Bild vom Äußeren der Mutter, aber auch von ihrem Wesen. Zugleich gewinnt es eine Vorstellung davon, wie es ist, Zuwendung (oder auch Ablehnung) von ihr zu bekommen. Es genießt ständig körperliche Wärme. Diese Vorstellung von Zuwendung und Wärme wird so sicher, dass sie über die Zeit auch hervorgeholt werden kann, wenn die Mutter nicht da ist. Alles, was dann an sie erinnert – ein Geruch, ein weiches Fell und vieles mehr – führt erneut zur Beruhigung. Dieses gute Gefühl kann sich das Kind durch Nuckeln, Anschmiegen und Fantasie bald selbst herbeiführen.

Vielen Müttern erscheint es paradox, dass gerade diejenigen Kinder, die lange „an Mutters Brust" hingen und im Elternbett schliefen, sich später besonders leicht lösen. Das können sie jedoch, weil sie so intensiv die Nähe zur Mutter erlebt haben, dass sie ein klares Bild von ihr haben.

So manche Mutter lässt sich verunsichern, wenn sie nach sechs Monaten des Stillens darauf angesprochen wird, ob sie nicht langsam aufhören wolle. „Was, du stillst immer noch?", heißt es dann. Es wird die Angst geweckt, das Baby möglicherweise zu lange zu stillen, abhängig zu machen oder es damit zu verwöhnen. Doch es kommt die Zeit, in der das Kind ganz genau zeigt, dass es nicht mehr gestillt werden will. Das passt dann oft auch zu dem Gefühl der Mutter, die selbst genug davon hat und nicht mehr körperliche Nahrungsquelle sein möchte. Das Abstillen passiert dann wie von selbst. Es sind meistens auch keine medizinischen Maßnahmen notwendig, kein Abpumpen, keine Tees oder sonstige Mittel – Mutter und Kind hören zur rechten Zeit einfach auf, wenn man sie lässt.

Sicher stellt sich am Ende der Stillzeit fast jede Mutter Fragen wie diese: „Ist es noch in Ordnung, dass ich mein Kind stille, oder stille ich es nur, weil ich mich einsam fühle? Dient das Stillen nun hauptsächlich meiner eigenen Befriedigung oder ist es noch ein Miteinander, das im Rahmen des Normalen liegt?"

Es ist alles in Ordnung, solange man ehrlich zu sich selbst ist. Die Kinderärzte drängen manchmal zu einem Abstillen im Alter von etwa ein bis zwei Jahren. Forscher wie die US-amerikanische Ärztin Katherine Dettwyler haben jedoch ein „natürliches Abstillalter" von zweieinhalb bis etwa sieben Jahren errechnet.

Auch Mütter, die gar nicht stillen, oder solche, die nach drei Monaten genug davon haben, sind „normal". Sie folgen ihren Bedürfnissen. Wer mit dem Fläschchen besser zurecht kommt, der tut gut daran, eben nur das Fläschchen zu geben. Das führt zu mehr Zärtlichkeit als ein Stillen wider Willen. Viele kombinieren das Stillen auch mit dem Fläschchen, um sich nicht zu sehr an das Kind gebunden zu fühlen. Zu diesem Thema

> **Auch Mütter, die gar nicht stillen, sind „normal".**

erhalten die Mütter leider oft zu wenig einfühlsame Unterstützung, dafür umso mehr Rat-„Schläge", die verletzend sein können.

Viele Mütter befürchten gerade am Anfang, also in der oralen Phase, Fehler zu begehen, die nicht wieder gutzumachen sind. Manche haben von den fatalen Folgen einer frühen Beziehungsstörung gelesen. Der Begriff „frühe Störung" bezeichnet in der Psychologie seelische Erkrankungen, die in dieser Phase entstanden und besonders schwer zu behandeln sind. Dazu gehören beispielsweise Persönlichkeitsstörungen. Doch mit solchen Ängsten belasten sich die Mütter nur unnötig – einerseits sind Kinderseelen natürlich emp-findlich, andererseits aber auch er-staunlich robust. Man muss schon sehr viel „falsch" machen, bevor ein Kind später psychisch krank wird.

Fehler früherer Phasen können in späteren Phasen völlig ausgemerzt werden.

Fehler sind unvermeidbar, doch gerade kleine Kinder sind sehr flexibel.

Aus klassischer psychoanalytischer Sicht können größere Fehlverläufe in der oralen Phase später zu Depressionen führen. Jedoch ist dieser Zusammenhang eher im übertra-genen Sinne zu verstehen. Wer depressiv ist, fühlt sich hilflos und hat oft große Ansprüche an seine Mitmenschen. Er lehnt sich quasi passiv zurück und möchte „gefüttert", also versorgt werden. Die Anspruchlichkeit vieler depres-siver Patienten ist sehr groß, daher erinnern sie manchmal an einen Säugling, der hilflos einfach seinen Mund auf-macht, um Nahrung zu bekommen. Diese Anspruchshal-tung ist vielen Menschen mit Depressionen jedoch nicht bewusst. Für sie ist eine solche Haltung sogar verpönt. Sie kehren daher ihre eigenen Ansprüche ins Gegenteil und sind sehr fürsorglich. Diese Idee steckt auch in dem oft geäußerten Leitsatz, dass man anderen helfen soll, wenn es einem selbst nicht gut geht, da man das Geschenkte in hundertfacher Form zurückbekommt. Hier wird der ver-borgene Wunsch, selbst versorgt zu werden, deutlich –

sonst wäre man nicht auf hundertfache Geschenke angewiesen. Menschen jedoch, die ernsthaft an einer Depression leiden, nehmen eher Schaden, wenn sie nach diesem Prinzip handeln. Denn die Krankheit entsteht ja unter anderem dadurch, dass die Betroffenen ihre eigenen Bedürfnisse zu wenig kennen oder ihnen zu selten nachkommen.

Fernab von der Einteilung „krank oder gesund" werden in der tiefenpsychologischen Sprache solche Menschen als „depressiv strukturiert" bezeichnet, bei denen die Themen Fürsorge und Versorgt-werden-Wollen eine große Rolle spielen. In unserer christlich geprägten Kultur nimmt die „Versorgung" einen hohen Stellenwert ein. Für andere zu sorgen und sich um sie zu kümmern, ist oft der Wunsch von eher „depressiv strukturierten" Menschen – wieder ist hier nicht der Krankheitswert gemeint. Wir alle können froh sein, dass es diese Menschen gibt. Jedoch neigen Menschen mit depressiver Veranlagung dazu, sich selbst zu vergessen. Sie wehren ihre eigenen Ansprüche ab und versorgen stattdessen die anderen. Diese Menschen, die meist sehr liebevoll sind, ergreifen oft einen helfenden oder versorgenden Beruf: Krankenschwestern, Pfleger, Ärzte, Sozialarbeiter, aber auch Köche gehören dazu.

Kleiner König auf dem Thron

„Ich dachte immer, Trotz fängt erst an, wenn ein Kind zwei Jahre alt ist", sagt sich so manche Mutter, wenn sie bei ihrem ersten Kind feststellt, dass es schon recht früh ziemlich gut trotzen kann. Babys und Kleinkinder trotzen, beißen, kratzen und widersetzten sich immer wieder einmal, doch am meisten tun sie es im Alter von ein bis drei Jahren, in der sogenannten „analen Phase" – von Müttern auch einfach „Trotzphase" genannt. Im englischsprachigen Raum findet man den netten Begriff „terrible two".

Die Kinder in diesem Alter haben gerade das Laufen gelernt. Es ist für sie das Größte. Stolz laufen sie von einem Stuhl zum nächsten. Sie erlangen immer mehr Bewusstsein über ihren Körper und immer mehr Kontrolle darüber. Sie können stehen, laufen und ihr Gleichgewicht halten. Sie lernen in dieser Zeit auch, die inneren Muskeln zu beherrschen: Immer besser können sie ihren Urin und ihren Stuhlgang bewusst halten oder abgeben. In dieser Zeit lieben es die Kinder, wenn sie kleine Entscheidungen treffen dürfen. Sie finden es wunderbar, zwischen zwei Dingen wählen zu können oder sich etwas auszusuchen. Das gibt ihnen ein Gefühl von Freiheit und Selbstbestimmtheit. Das Gefühl der Kontrolle führt zu immer mehr Selbstvertrauen, denn die Kleinen werden so zunehmend zum „Herrn über sich selbst". Die Mutter kauft dem Kind in dieser Zeit oft ein „Thrönchen", auf das der „kleine König" sich dann selbstbestimmt setzen kann.

Manchmal halten die Kinder ihren Stuhl aus Trotz (oder auch Scham) bis zur Verstopfung zurück. Geht es in dieser Phase doch um das eigensinnige Festhalten und Loslassen nach freiem Willen, so widerstrebt es dem Kind natürlich, von der Mutter gelenkt zu werden, wenn es um seine Verdauung geht. Das geht uns Erwachsenen genauso. Wenn wir keine Gelegenheit haben, einmal zur Ruhe zu kommen und das „stille Örtchen" aufzusuchen, dann stellt sich auch beim Erwachsenen bald Verstopfung ein. Bekommen die Kinder genug Obst und haben sie genug Bewegung, so hat Verstopfung in diesem Alter eher selten eine rein körperliche Ursache. Vielmehr hilft es den Kleinen – die sich ja jetzt auch schon schämen –, wenn die Eltern das Thema für eine Weile völlig beiseite lassen und dem Kind Gelegenheit geben, sich zurückzuziehen.

Das Kind will zeigen: „Ich bin hier derjenige, der über seinen Bauch bestimmt!" Und das sollten die Eltern akzeptieren, wann immer es geht. In einer großen Schweizer Studie, der sogenannten Zürcher Längsschnittstudie, haben die Forscher festgestellt, dass die Kinder den Zeitpunkt des Sauberwerdens selbst bestimmen. Zwar kann man das Kind unterstützen, auf das Töpfchen zu gehen, aber man kann es kaum „trainieren".

> **Das Sauberwerden ist ganz unabhängig davon, ob die Eltern „Töpfchentraining" machen oder nicht.**

Das Kleinkind möchte selbst entscheiden, wann es sein Innerstes hergibt und wann nicht. Im übertragenen Sinne macht es dasselbe mit seinen Spielsachen, seinem Kuscheltier, seinem Laufrad usw. Manchmal gibt das Kind großzügig einem anderen Kind seine Sachen ab und manchmal hält es beharrlich daran fest.

In vielen Machtkämpfen erlebt das Kind deutlich, wer es selbst und wer der andere ist, wo es selbst aufhört und wo der andere anfängt. Bald fällt dann ein bahnbrechendes Wort zum ersten Mal: „Ich". Das Kleinkind hat begriffen, dass es eine eigene Person ist

„Nein" wird ab jetzt zum ständigen Begleiter.

und nennt sich nicht mehr nur beim Vornamen, wenn es von sich selbst erzählt, sondern gebraucht das Wort „Ich" mit Nachdruck und stolzem Selbstbewusstsein. „Ich" und „mein" werden zu sehr wichtigen Worten.

Der Realitätssinn entwickelt sich ebenso wie das Gefühl von zunehmender Selbstständigkeit. Diese Entwicklung zeigt sich auch darin, dass das Kind mit etwa 15 Monaten zum ersten Mal „Nein" sagt. Mamas sollten sich diesen Tag in den Kalender eintragen und Abschied nehmen von in dieser Hinsicht leichteren Zeiten. Obwohl natürlich das „Nein" auch schon früher durch Gesten und sich wehren zum Ausdruck kommt, wird es in der analen Phase klar und deutlich ausgesprochen. Es wird zum ständigen Begleiter, und die Mutter kann erleichtert sein, dass das „Warum" als zusätzliche Würze noch auf sich warten lässt.

Wann immer das Kind etwas tun muss, um dass es nicht herumkommt, hilft es, ihm Möglichkeiten anzubieten, in denen es „kleine Neins" wirken lassen kann. Wenn die Mutter mit dem Kind den Spielplatz verlassen will, weil es Abendbrotzeit ist, und das Kind sich mit seinem energischen „Nein" wehrt, dann verhandelt die Mutter in der Regel ein bisschen, wartet noch fünf Minuten oder lässt das Kind noch einmal rutschen, dann muss es aber mit nach Hause kommen. Nach fünf Minuten ist das „Nein", wenn die Mutter Glück hat, etwas weniger energisch. Aber wenn sich das Kind dann immer noch in der Zwickmühle sieht und das Gefühl hat, völlig von der Mutter abhängig zu sein, dann kann es helfen, ihm die Wahl zwischen zwei kleinen möglichen Dingen zu lassen. Das kann so aussehen: „Möchtest du nun mit dem Dreirad nach Hause fahren oder willst du zu Fuß laufen?" oder „Möchtest du zum Abendbrot dann Käse oder Wurst?". Es gibt Situationen, da sind die Kinder natürlich nicht mehr erreichbar und die Mutter muss es mit sich vom Spielplatz ziehen. Meistens ist das dann der Fall, wenn das Kind sehr müde ist. Doch oft helfen solch kleine Auflockerungen, um dem Kind das Gefühl zu geben, dass es über manches leider nicht bestimmen kann, über andere Dinge jedoch durchaus.

Das Kind will wenigstens in kleinen Dingen seine neu entdeckte Macht behalten. In dieser oft schwierigen Zeit macht es freudige und leidige Erfahrungen. Es nimmt seine Körpergrenzen immer deutlicher wahr und beginnt, zwischen Innenwelt und Außenwelt klarer zu unterscheiden. Es macht die freudige Entdeckung, dass es selbstständig und getrennt ist von anderen, aber auch die leidvolle Erfahrung, dass es im getrennten Zustand nicht über die anderen herrschen kann. Das sind dann die typischen Situationen, in denen das Kind versucht, die Mutter zu manipulieren und zu beherrschen. Wenn das Kind sagt „Hol mir meinen Schnuller!" hat es das Gefühl, es ist wieder mehr mit der Mutter verbunden, wenn sie den Schnuller holt. Das Kind „befiehlt" etwas und die Mutter tut es. Das kann die Mutter natürlich nicht immer machen. Aber sie sollte verstehen, dass das Kind in den Momenten, in denen sie ihm nachgibt, oft sehr erleichtert ist. Manchmal hört man dann auch, wie ein Kind erleichtert aufseufzt. Das angstmachende Getrenntsein hat es für einige Momente in seiner Psyche rückgängig gemacht, indem es „befiehlt" und merkt, dass die Mutter ihm folgt. Manchmal hat man wirklich das Gefühl, man hätte da einen kleinen König sitzen.

Wenn das Kind sich jedoch gerade darüber freut, dass es ein getrenntes Menschlein ist, dann sehen typische Spiele so aus: Das Kind baut mit Bauklötzen eine Mauer um sich herum und die Mutter darf nicht darübersteigen. Oder es schirmt mit seinen Armen

Kinder werden sich ihrer Grenzen immer sicherer.

sein Tellerchen ab und niemand darf beim Mittagessen etwas davon nehmen. Es stellt sich in die Tür und sagt „Tür zu" oder verschließt die Kinderzimmertür und fordert die Mama auf, zu „klingeln". Hier zeigt sich auch, warum die Strafe, ein Kind in seinem Zimmer einzuschließen, so besonders schlimm ist für Kinder diesen Alters: Sie freuen sich am Getrenntsein, und genau diese Freude wird durch das Einsperren ins Gegenteil verkehrt. Die Kinder bekommen übergroße Angst. Auch, wenn der Impuls so manches Mal da sein mag, sein Kind einfach wegzusperren, so sollten die Eltern wirklich Ruhe bewahren und auf diese Strafform verzichten.

Die Kinder beginnen mit wachsender Intelligenz nun auch, Dinge zu verheimlichen oder zu verstecken. Sie wollen die Mutter, um in der Sprache der Analität zu bleiben, „bescheißen". Sie freuen sich, wenn sie Dinge für einen kurzen Augenblick heimlich zurückhalten können, um dann doch damit herauszuplatzen. Das Versteck oder das Geheimnis wird nur allzu leicht preisgegeben.

Zweijährige Kinder verpacken mit Vorliebe Geschenke und geben somit den Dingen eine äußere Form und Hülle. Sie spicken dann durch das Papier und schauen, was „innen" ist. Im Alter von zweieinhalb Jahren malen sie dann oft zum ersten Mal einen geschlossenen Kreis. Dieses Malen erfordert besondere motorische Fertigkeiten, aber die Kinder malen den Kreis auch geschlossen, weil sie sich an dieser Form freuen – sie haben begriffen, was es heißt, ein „abgeschlossener" Mensch zu sein.

Für die meisten Kinder in diesem Alter hat der Kot eine ganz besondere Bedeutung. Die Kinder zeigen eine Mischung aus Ekel und Faszination. Sie wollen gerne schauen, was da in der Windel gelandet ist – oder sie gucken sich das Ergebnis im Töpfchen besonders lange an. Die Mutter tut gut daran, dem Kind diese Zeit zu lassen und erst nach dem Bestaunen die Wurst wegzuspülen. Für Mädchen hat der Kot noch einmal eine besondere Bedeutung: Sie schauen neugierig, ob sie die Wurst noch sehen können und stellen gedanklich auch die Verbindung zum Glied her. Für einen kurzen Moment sehen sie aus wie ein Junge. Auch Fantasien über die Geburt können sich bereits entwickeln. Fingerfarben und Knete wird in dieser Zeit besonders interessant – erinnern sie doch ebenfalls an das angesagte Thema. Manche Kinder ekeln sich vor brauner Knetmasse oder sind angewidert, wenn sie irgendwo verschmierte Schokolade sehen. Gleichzeitig hat der Kot auch die Bedeutung des Wertvollen, was sich in unserem Sprachgebrauch zeigt: Der Dukatenesel kackt Münzen, „Geld stinkt nicht" und manche machen „aus Scheiße Gold".

Wenn Eltern zu früh wollen, dass das Kind „sauber" wird, können daraus starke Machtkämpfe entstehen. Analität und Aggressivität hängen nach Freud eng zusammen. Das Kind, das gerade lernt, wie schön es ist, „Besitz" zu haben, gibt nur ungern freiwillig etwas her. Eltern, die zu viel Strenge walten lassen und beim Kind zu häufig ein bestimmtes Verhalten erzwingen wollen, erziehen es zur Dickköpfigkeit. Trotzig versucht das Kind in übertriebener Weise, seine Dinge zu behalten und legt dabei äußerst rigide Verhaltensweisen an den Tag. Es lebt in ständiger Abwehrhaltung.

Besonders schwierig wird es, wenn die Mutter selbst Angst vor ihrer eigenen aggressiven Seite hat. Oft wirken diese Mütter sehr „lieb" und wenig aggressiv. Wann immer sie sich zu einer aggressiven Äußerung hinreißen lassen, sind Schuldgefühle ihre sofortige Quittung. Manchmal bereitet es diesen Frauen schon Schuldgefühle, wenn sie sich angemessen abgrenzen und sich das nehmen, was sie brauchen. So „lieb" diese Mütter auch sind – irgendwo müssen auch ihre Aggressionen landen. Mütter, die mit diesem Problem zu kämpfen haben (und es ist immer noch ein typisches „Frauenproblem"), zeigen manchmal ein für das Kind unverständliches Verhalten: Nicht selten erlebt man Mütter, die ihr Kind zwar für ihr aggressives Verhalten tadeln, in deren Stimme jedoch auch eine gewisse Freude oder ein Stolz über die Aggressivität des Kindes mitschwingt. Für das Kind sind das natürlich unverstehbare Doppelbotschaften. Es fühlt sich verloren.

„Sanfte" Mütter freuen sich insgeheim darüber, dass ihr Kind nun die aggressive Rolle für sie übernimmt.

Solche Faktoren können die ohnehin schwierige Zeit der Trotzphase noch verschärfen. Daher ist es immer wieder gut, wenn die Mutter sich auf sich selbst zurückbesinnt und über sich und ihr Kind nachdenken kann. Warum ist das Kind gerade so schwierig? Womit kämpft es? Warum fühle ich mich angegriffen? Wo hätte ich an Stelle des Kindes lieber selbst meine aggressive Meinung vertreten? Solche Gedanken sind sehr schwierig, weil sie der Mutter viel

Verantwortung und auch Schuldgefühle aufbürden können. Wieder fühlt sich die Mutter mit allem alleingelassen. Dennoch: Die Sicht aus diesem Blickwinkel lohnt sich, weil sie insgesamt das Leben mit dem Kind auf Dauer erleichtert. Natürlich kennt fast jede Mutter die vertracktesten Situationen aus dem Alltag, und es ist nie leicht, eine Grenze zwischen „normalem" und nicht mehr normalem Verhalten zu ziehen. Wann immer länger andauerndes Leid auf Seiten der Eltern oder des Kindes auftritt, kann man davon ausgehen, dass eine Entwicklung nicht ganz „normal" verläuft. Es kann sich um eine anstrengende Phase handeln, die sich von selbst wieder auslotet. Sind die problematischen Phasen jedoch nach eigenem Empfinden zu häufig, zu stark oder zu lang, dann kann es schwierig sein, allein einen Weg herauszufinden. Eltern sollten sich dann nicht scheuen, Rat bei einem Psychologen zu suchen.

Der Kompass für „normales" und nicht mehr normales Verhalten ist immer der Leidensdruck.

„Ich heirate die Mama!"

Eine Prinzessin wird einmal zur Königin. So träumt wohl fast jedes kleine Mädchen davon, eine Prinzessin zu sein. Das Mädchen ist Papas Prinzessin – das bedeutet auch, dass die Mutter die Königin ist und nicht vom Thron geworfen werden kann. Im Alter von vier bis sechs Jahren beschäftigen Kinder sich intensiv mit dem Unterschied zwischen den Geschlechtern – sie sind in der „ödipalen Phase". Kaum ein Name könnte für diese Entwicklungsphase treffender sein, denn er geht zurück auf die Sage von König Ödipus, der seine Mutter heiratete und seinen Vater tötete, ohne es zu wissen. Diese uralte Fantasie, die in dieser Sage steckt, lässt sich auch bei kleinen Kindern immer wieder gut beobachten. Die Mädchen spielen Prinzessin, die Jungen Cowboy. Zusammen spielen sie gerne Doktorspiele. Und entdecken sich auf diese Weise selbst.

Die Mädchen spielen Prinzessin, die Jungen Cowboy. Zusammen spielen sie gerne Doktorspiele.

Dabei tun die Eltern gut daran, die Tür geschlossen und die Kleinen walten zu lassen, auch wenn sie vielleicht verunsichert sind, was ihre Kinder dort so treiben. In der Regel verletzen sie sich nicht und befriedigen hauptsächlich ihre Neugier.

Manche Mutter wundert sich darüber, wie früh sich ihr Kind „typisch männlich" oder „typisch weiblich" verhält. Teilweise ist das Verhalten „von der Natur" vorgegeben, teilweise aber auch von den Eltern beeinflusst. Heutzutage kennen die meisten Schwangeren durch Ultraschalluntersuchungen schon früh das Geschlecht ihres Kindes im Bauch. Erfahrene Hebammen sehen darin nicht immer nur Gutes, denn viele Frauen sind enttäuscht, wenn sich ein anderes als das gewünschte Geschlecht herausstellt. Die Schwangerschaft kann dann ganz plötzlich eine Wendung einnehmen: Die zuvor „glückliche Schwangere" wird unglücklich – natürlich gibt es auch den umgekehrten Fall. Der Zeitpunkt der Auseinandersetzung mit diesem Thema ist bereits auf die Schwangerschaft vorverlegt worden. Manchmal ist es da einfacher, wenn die Schwangere sich ohne Kenntnis des Geschlechts all ihren Fantasien hingeben und sich in Ruhe mit dem Baby im Bauch vertraut machen kann, bevor sie dann nach der Entbindung das Geschlecht des Kindes kennenlernt. Natürlich lässt sich auch umgekehrt argumentieren, nämlich dass die Schwangere die Chance hat, sich bereits in der Schwangerschaft auf das kommende Baby besser einzustellen, was zu einer positiveren Geburtserfahrung führen kann.

Bereits in der Schwangerschaft haben die Eltern Fantasien über den „Jungen" oder das „Mädchen" im Bauch. Viele dieser Gedanken übertragen die Eltern gänzlich unbewusst auf ihr Kind und sind überrascht, was sich da während der Entwicklung ihres Kindes herausschält. Da ist zum Beispiel die emanzipierte Frau, die sich ihre Managerposition hart erkämpft hat und ein Leben lang ihre „weiche, weibliche Seite" abgelehnt hat. Je stärker sie die Weichheit in sich spürte, desto härter arbeitete sie äußerlich dagegen an. Nun hat sie selbst ein Mädchen (per Wunschkaiserschnitt) geboren und ist immer noch für Gleichberechtigung auf allen Ebenen. Sie möchte der Tochter ihren Kampfgeist mitgeben. Das tut sie bewusst auch, wann immer sich ihr die Möglichkeit bietet. Doch die Tochter ist sensibel und sieht nicht nur die harte Schale. Sie übernimmt die unbewussten Fantasien der Mutter. Sie merkt, wie sehr die Mutter „Weiblichkeit" mit „Weichheit" gleichsetzt und diese ablehnt – aber die Tochter registriert auch, dass bei der Mutter gleichzeitig die unerfüllte Sehnsucht mitschwingt, endlich zu ihrer Weiblichkeit stehen zu dürfen. So kann es passieren, dass gerade diese „harte" Mutter ein besonders „weiches, weibliches" Mädchen heranzieht. Weil es die unbewussten Fantasien der Mutter eben doch aufgesogen hat. Oder weil es einen Gegenpol zur Mutter darstellen möchte. Mädchen umgarnen den Vater in der ödipalen Phase mit ihren Blicken, flirten mit ihm und lieben ihre Röckchen und Kleidchen. Mädchen denken und äußern in dieser Zeit recht oft, dass sie später ihren Vater heiraten wollen. Sie können sich kaum vorstellen, dass es einen attraktiveren Mann als ihren Vater geben wird auf dieser Welt. Sie sind regelrecht verliebt. Der Vater ist die erste große Liebe des Mädchens.

Fast alle Jungs spielen in diesem Alter mit Schwertern und Pistolen. Die friedfertigen Mütter sind manchmal entsetzt, dass sich ihr Sohn nichts sehnlicher als eine Spielpistole oder ein Spielgewehr wünscht. Wenn so etwas nicht vorhanden ist, dann nehmen sie sich einen Stock und spielen damit. Sie „erschießen" Vater, Mutter und Freunde. Viele

Mädchen umwerben in der ödipalen Phase sehr charmant ihren Vater. Bei den Jungs ist es die Mutter, die umworben und begehrt wird.

Mütter sehen das sehr kritisch und sagen: „Das ist aber kein schönes Spielzeug." Dabei nehmen Jungen auf der ganzen Welt aus allen Kulturen dieses Spiel auf, egal ob Spielzeugpistolen vorhanden sind oder nicht. Es reicht ein Stock oder der Zeigefinger als Gewehr. Das ist kein Wunder: In der Tiefenpsychologie werden Schwerter, Messer und Kanonen auch als „Phallussymbole" bezeichnet. „Phallus" ist die vom Griechischen abgeleitete Bezeichnung für „Penis". Die kleinen Jungen beschäftigen sich mit ihrem Penis. Er weckt viele Fantasien in ihnen. Schon die Kleinsten erleben Erektionen und merken, wie schön es ist, an sich herumzuspielen. Die Fantasie, dass der Penis etwas mit der Fortpflanzung zu tun hat, wird früh geboren. Wie aus einer Pistole kommt etwas herausgeschossen, was den anderen „umbringt". In der französischen Sprache wird der Orgasmus auch als „petite mort", als „kleiner Tod" bezeichnet. All diese Fantasien erwachsen im kleinen Jungen. Warum also sollte er sich nicht spielerisch damit auseinandersetzen, um so seine Gedanken zu sortieren? Wir Erwachsenen müssen einfach nur deutlich machen, dass es ein Spiel ist und in übertriebener und verspielter Weise zeigen, dass wir vom Pistolenschuss des Kindes „tot umfallen". Nur, wenn wir ihr Spiel spielerisch erwidern, kann das Kind die Spielebene einhalten.

Wenn wir zu ernst reagieren, zu realistisch oder besorgt, dann kann das für das Kind problematisch werden, weil es denkt, dass sein Spiel zu echt ist. Es glaubt dann, der

Gedanke, jemanden zu töten, kann gefährlich ernst werden. Realität und Spiel sind dann nicht mehr so sehr voneinander getrennt. Wenn es dem Kind aber klar ist, dass alles in der Spiele- und Gedankenwelt bleibt, dann schafft sich das Kind einen gedanklichen Freiraum. Es hat dann keine Angst mehr, Gedanken zu Ende zu denken und fürchtet sich auch nicht vor seinen aggressiven Fantasien. Denn es weiß: Im Kopf darf ich ruhig einmal alles durchspielen. Es hat keinen Einfluss auf die Realität. So können solche Kinder ihre Aggressionen gut steuern, wenn sie diesen gedanklichen Spielraum haben. Schwierig wird es für die Kinder, die allein schon gedanklich gehemmt sind. Bei diesen Kindern schießt die Aggression dann unvermittelt und ungebremst nach außen in die Realität.

> **Wenn dem Kind klar ist, dass alles in der Spiele- und Gedankenwelt bleibt, dann schafft es sich einen gedanklichen Freiraum.**

Was aber passiert nun mit dem Mädchen, das den Vater heiraten will und mit dem Jungen, der die Mutter für sich erobern möchte? Das Mädchen weiß ja sehr wohl, dass der Vater schon „besetzt" ist und zur Mutter gehört. Also wird es eifersüchtig auf die Mutter – und würde sie manchmal am liebsten beseitigen. Dann beginnt ein harter Konkurrenzkampf zwischen Mutter und Tochter. Mütter, die zu der Zeit unter einer unsicheren Partnerschaft zu ihrem Mann leiden, können es da zeitweilig richtig schwer haben. Ihr kleines Mädchen will sie verdrängen und scheint es zeitweilig auch zu schaffen. Der Papa ist bei Partnerschaftsproblemen vielleicht gerade besonders freundlich zur Tochter. Hier liegt die Quelle mancher gefährlicher Situation. Nicht selten findet man bei Mädchen, die von ihren Vätern sexuell missbraucht wurden, in der Geschichte klare Hinweise darauf, dass sich die Eltern nicht mehr verstanden haben. Väter, die mit ihren Eheproblemen kaum zurechtkommen und in ihrer Persönlichkeit nicht gefestigt sind, können dann anfällig werden, im Mädchen den Partnerersatz zu suchen. Nicht unbedingt körperlich oder in Form des Missbrauchs. Aber vielleicht schon als Gesprächspartner, weil die erwachsene Partnerin so schwer zu erreichen ist. Hier sollten Eltern, die unter Partnerschaftsproblemen leiden, wirklich aufpassen. Bei Elternpaaren, die keinen Ausweg mehr aus ihrer vertrackten Situation finden, ist es wichtig, dass sie sich Unterstützung suchen.

Aber auch, wenn alles normal verläuft, will das Mädchen die Mutter beiseite schaffen. Das Ergebnis sind mitunter starke Schuldgefühle für diese Wünsche, die oft nicht bewusst sind, sondern in Träumen, Spielen oder Bildern zum Ausdruck kommen. Das Mädchen trägt viele Kämpfe in sich aus. Bisweilen gibt es unbewusst der Mutter sogar die Schuld, dass sie kein Junge geworden ist. Schließlich fehlt ihr ja etwas – die Mädchen leiden nach klassischer psychoanalytischer Theorie am Penisneid. Sie sind zu kurz gekommen. Ihnen bleibt nur der „Pferdeschwanz". Oder aber sie besinnen sich auf ihr Handtäschchen. Mädchen lieben es von klein auf, Dinge in ihren Taschen zu verstauen und daraus ein Geheimnis zu machen. Ein typisches Mädchengehabe, das mit der Idee der Scheide zusammenhängt, die ja auch ein „geheimes Versteck" ist.

Irgendwann, am Ende der ödipalen Phase, kommt die Einsicht, dass das Mädchen den Vater nicht für sich haben kann. Vater und Mutter gehören zusammen und die Schlafzimmertür bleibt für das Mädchen verschlossen. Die verschlossene Tür ist die Grenze, an der es wachsen und reifen kann. Sie bedeutet Freiraum für die eigene Entwicklung.

Irgendwann resigniert das Mädchen und findet sich damit ab, dass es warten muss, bis es selbst erwachsen ist und einen eigenen Partner findet. Es kann sein, dass das Mädchen eine Zeit lang bedrückt wirkt und die verlorenen Wünsche betrauert. Die Mutter kann jedoch aufatmen. Das Mädchen versucht, alles wieder gutzumachen und sich mit ihr zu versöhnen. Sie macht ihr vielleicht besonders viele Geschenke, schmiegt sich an sie und verbringt gern wieder die Zeit mit ihr. Der Papa ist nicht mehr auf Platz Nummer eins. Nun tritt etwas Neues ein: Das Mädchen will werden wie die Mama. Das wollen die Mädchen auch schon, wenn sie noch ganz klein sind, doch jetzt ist der Wunsch stärker. Sie wollen werden wie die Mama, damit sie später ebenfalls

Mädchen identifizieren sich mit ihrer Mutter und kommen so über den Schmerz hinweg, dass sie auf den Vater verzichten zu müssen.

einen Partner finden können. Sie wollen Mamas Schminke benutzen, ähnliche Kleider tragen oder später denselben Beruf ergreifen. Mädchen, die eine selbstbewusste Mutter haben, die mit sich und ihrem Äußeren zufrieden ist, haben es da recht leicht. Denn die sichere Mutter vermittelt: Ich kann einen Partner für mich gewinnen und ich habe deinen Vater heiraten können. Die Tochter denkt dann zuversichtlich: „Das kann ich irgendwann auch." So fällt das Warten auf das Großwerden und die eigene Partnersuche leicht.

Bei Jungen gibt es die gleiche Situation – nur spiegelverkehrt. Sie möchten die Mutter erobern und kämpfen um sie. Hinzu kommt die sogenannte „Kastrationsangst". Schon früh befürchten Jungen, sie könnten ihren Penis verlieren. Jungen haben viel öfter Angst davor als Mädchen, einen Finger oder ein Bein zu verlieren – ein Anhängsel halt. Sie fürchten sich in dieser Zeit ganz besonders vor dem Frisör und vor allen Gegenständen, die irgendetwas „abschneiden"

Die Jungen haben in dieser Phase Angst, einen Körperteil zu verlieren.

können. Laute Sägen ängstigen in dieser Entwicklungsphase besonders viele Jungen. Manche Jungen sprechen auch umgekehrt davon, dass sie anderen etwas abschneiden wollen – einen Arm oder ein Bein beispielsweise.

In der Zeit, in der die Jungen die Mutter begehren, entwickelt sich in ihnen die Fantasie, dass sich der Vater an ihnen rächen könnte. Und was wäre die schlimmste Form der Rache? Die Entmannung. Ohne Glied könnte der Junge nämlich nicht mehr mit einer Frau zusammenkommen und sie heiraten.

Alte Erziehungsmethoden fördern die Kastrationsangst, indem Erwachsene damit drohen, dem Kind einen Daumen abzuschneiden, wenn es noch einmal daran nuckeln sollte. Viele von uns kennen solche Sprüche noch von den Großeltern, meist vom Großvater. Manche können sich vielleicht auch daran erinnern, wie sehr solch ein unbedachter Spruch ein Kind ängstigen kann. All diese Ideen sind zumeist unbewusst, kommen jedoch in Träumen, Spielen und Ängsten sehr deutlich zum Vorschein.

Der Vater verbindet, der Vater trennt

Am Anfang des Lebens steht die enge Beziehung zur Mutter. In enger Einheit verbringt das Mutter-Kind-Paar die ersten Wochen miteinander. Doch so bleibt es nicht lange. Der Vater als „trennender Dritter" sorgt dafür, dass das Kind den Weg nach draußen findet. Früh lernt das Kind die Bedeutung des „Dritten im Bunde" kennen. Es weiß bald, dass es sich ruhig von der Mutter einmal trennen kann und dabei von einem Dritten, dem Vater, aufgefangen wird.

Für das kleine Kind ist die Bindung an die Mutter lebensnotwendig. Nur, wenn die Mutter das Kind versorgt, dann kann es überleben. Dieses Wissen trägt das Kind in sich, so

klein es auch ist – es weiß um die empfindliche Zweierbeziehung. Es spürt auch bald Ängste, die aufkommen, wenn
es die Mutter einmal ablehnt. Es will die Mutter auf keinen
Fall verlieren. Bevor das Kind im Spiel lernt, dass seine
Gedanken und die Realität zwei verschiedene Dinge sind,
machen ihm seine eigenen Fantasien mehr Angst als zu
einem späteren Zeitpunkt. Seine Fantasien sind für das
kleine Kind wie die Wirklichkeit.

In einer reinen Zweierbeziehung zur Mutter erscheinen
dem Kind ablehnende Gefühle gefährlich, weil es ganz
allein dasteht, wenn es die Mutter
wegstößt. Je sicherer die Bindung zur
Mutter ist, desto weniger bedrohlich
erscheinen dem Kind seine ärger-
lichen Gefühle gegenüber der Mutter,
die ja naturgemäß immer wieder
auftauchen. Noch leichter fällt es

**Ist die Bindung zur
Mutter nicht ausrei-
chend gut, dann hat
das Kind Angst davor,
einmal trotzig oder
ablehnend zu sein.**

dem Kind, wenn der Vater oder ein anderer „guter Dritter"
anwesend ist, der weitere Sicherheit bietet. So kann das
Kind frei mit seinen Gefühlen umgehen. Es kann aggressiv
gegen die Mutter sein und weiß, dass da noch jemand ist,
bei dem es Halt findet. Das Kind testet immer wieder, wie
weit es gehen kann und erkundet somit die Qualität der
Bindung zur Mutter. Mütter, die darüber stöhnen, dass das
Kind nur zu Hause und nur mit ihr immer „zankt", die
können das auch positiv sehen: Es ist ein Vertrauensbeweis.
Denn nur, wenn das Kind sich darauf verlassen kann, dass

es die Mutter auch bei negativer Gefühlslage behält, traut es sich, seinen Aggressionen Ausdruck zu verleihen. Wenn Mütter erzählen, dass ihr Kind so gar keine Trotzphase hatte, werden Kinderpsychologen meist hellhörig.

Die Rolle des Vaters ist von Anbeginn immens wichtig. Diese Tatsache hat ihren Weg erst im Laufe der letzten Jahre in die Öffentlichkeit gefunden, denn in der ursprünglichen Säuglings- und Kleinkindforschung legten die Forscher ihr Augenmerk fast ausschließlich auf die Mutter-Kind-Beziehung.

Der anwesende Vater entspannt die Zweiersituation zwischen Mutter und Kind.

Die Bedeutung des Vaters als der „Dritte", der für Entspannung und Schutz sorgt, ist ein Leben lang eine wichtige Vorstellung. Erwachsene, die immer wieder in Gewaltsituationen verstrickt sind, haben die Erfahrung des „rettenden Dritten" in der Kindheit oft nicht machen dürfen. So ist auch in ihrer Vorstellung eine auswegslose Nähe zum Nächsten da, die manchmal nur durch Gewalt beendet werden kann. Die Vorstellung, einen Dritten zu haben, kann trösten, entlasten und schafft Raum. Ein Kind, das Streit mit dem besten Freund hat, ist erleichtert, dass es ja auch noch andere Freunde hat, so sehr der Streit mit dem besten Freund auch schmerzt. Ein Kind jedoch, das wenig weitere Kontakte hat, leidet sehr viel mehr unter einem Streit mit dem Freund. Ein Kind, das unter Schulangst leidet, kann sich Raum verschaffen, indem es sich auf die Geburtstagsfeier bei der Oma am Nachmittag freuen kann. Der Gedanke: „Was soll's, ich habe ja noch diese und jene Möglichkeit", ist für Kinder wie für Erwachsene ein wichtiges Gut, um schwierige Alltagssituationen zu meistern.

Hin und her kann sich das Kind mit einem Dritten im Bunde bewegen und ausprobieren. Kinder, die sich mit Mutter und Vater schlecht verstehen, wie es in der Pubertät meistens der Fall ist, können froh sein, wenn sie Großeltern, eine Tante oder einen Onkel haben, an die sie sich wenden können. Auch ein guter Lehrer ist für viele Kinder, die zu Hause in Not geraten sind, wenigstens ein „gedanklicher Ausweg". Oft wissen Lehrer gar nicht, welch bedeutenden Einfluss sie auf so manches Kind haben, selbst wenn sie keinen engeren Kontakt zum Kind eingehen. Allein die Vorbildfunktion oder die emotionale

Etwas Drittes ermöglicht Abstand zur aktuellen Situation und eröffnet auch den Raum zum Spielen.

Verfügbarkeit des Lehrers können rettende Anker für Kinder in schwierigen Situationen sein. Immer wieder treffe ich auf Lehrer, die sagen: „Die Lehre ist unsere Hauptaufgabe, nicht die Erziehung. Das können wir nicht leisten." Zum Glück gibt es in unserer Gesellschaft gerade einen Wandel. Immer öfter ist die Rede davon, dass Bildung und Erziehung zusammenhängen. Nur ein Kind, das den Kopf frei hat von gefühlsmäßigen Sorgen, ist offen dafür, zu lernen.

Der „Dritte im Bunde" also ist von Anfang an und ein Leben lang wichtig. Kinder gehen von der Zweierbeziehung mit der Mutter über in eine Dreierbeziehung mit Vater und Mutter, um dann später als Erwachsene reif zu sein für eine Zweierbindung mit dem Partner. Dies ist nur den Menschen möglich, die gelernt haben, sich gut abzugrenzen und sich in der Beziehung frei und eigenständig zu fühlen. Diese Eigenständigkeit lernt das Kind unter anderem wieder aus der sogenannten Dreieckskonstellation mit Vater und Mutter, wenn es im Alter von vier bis sechs Jahren begreift, dass die Eltern zusammengehören und es selbst in gewisser Hinsicht allein dasteht. Dann besinnt sich das Kind auf sich selbst und kann herausfinden, wer es ist, was ihm gefällt und missfällt. So sehr es einerseits eifersüchtig auf den engen Bund der Eltern ist, so sehr ist es auch darüber erleichtert, denn solch ein Bund schließt Inzest aus. Das Kind kann seine neu gewonnene Freiheit dazu nutzen, sich selbst zu entdecken. Das Gefühl von Eigenständigkeit wird gestärkt.

In einer sogenannten „Ein-Eltern-Familie" ist es für das Kind natürlich etwas schwieriger, solche Erfahrungen mit einem Dritten im Bunde zu machen. Der Vater (oder die Mutter) ist nicht jeden Tag präsent. Doch zum einen gibt es weitere Bezugspersonen für die Mutter, die nur „ihr" gehören, zum anderen hat das Kind die Fantasie, dass es von Eltern stammt, die zumindest einmal zusammengehörten. Wenn das Kind dann das Glück hat, regelmäßigen Kontakt zum Vater zu haben, dann kann die Entwicklung genauso normal verlaufen wie bei fest liierten Eltern.

Nicht nur für das Kind von Alleinerziehenden, sondern für alle Kinder ist es wichtig, dass ein Elternteil sich nicht ständig abfällig über den anderen Elternteil äußert. Denn das Kind stammt von beiden Eltern ab. Beschwert die Mutter sich über den Vater, so ist das Kind mit einbezogen. Denn das Kind weiß, dass es auch Teil des Vaters ist. Wird er kritisiert, dann heißt das für das Kind auch, dass es von der Mutter nicht vollständig akzeptiert wird. Und umgekehrt: Lästert der Vater beständig über die Mutter, so fühlt sich das Kind in seinem Selbstwert gemindert, denn schließlich hat es auch Eigenschaften von der Mutter mitbekommen.

So schwer es bei Partnerschaftsproblemen auch sein mag: Die Eltern sollten versuchen, ein Mindestmaß an Verständnis für einander aufzubringen und die positiven Seiten hervorzuheben, auch wenn das fast unmöglich erscheint. Schließlich muss es einmal ein Band gegeben haben, sonst wäre das Kind nicht entstanden.

Erziehungsfragen

Grenzen setzen

Über kaum ein Thema wird in der Erziehung mehr geredet als über die „Grenzsetzung". Hunderte von Erziehungsbüchern beschäftigen sich damit, den Eltern den Wert der Grenzen wieder aufzuzeigen und ihnen zu vermitteln, wie man Grenzen setzt. Doch es lassen sich keine Faustregeln festlegen. Wieder ist das Gefühl der Eltern gefragt.

Die meisten Eltern finden im Laufe der Zeit das passende Maß an Grenzsetzung und Gewährenlassen, wobei sie ihren Erziehungsstil immer wieder neu an die jeweilige Lebensphase des Kindes anpassen müssen. Die Art der Grenzsetzung verändert sich jedoch auch mit der Entwicklung der Eltern, die auf manchen Gebieten empfindlicher, auf anderen entspannter werden. Daher ist es auch zu erklären, dass manche Geschwisterkinder sich so fühlen, als hätten sie verschiedene Eltern: Bei der Geburt des nächsten Kindes sind die Eltern älter. Ihre Einstellungen und Werte haben sich verändert, sie selbst sind reifer geworden. Sogar Zwillinge sind unter anderem so unterschiedlich, weil die Eltern jedes der beiden Kinder mit unterschiedlichen Augen betrachten. Sie richten verschie-

> **Was den Älteren nur nach viel Kampf erlaubt wurde, steht den Kleineren oft einfach frei.**

dene Wünsche an jedes Kind und erleben unterschiedliche Ängste. So werden auch die Grenzen ganz unterschiedlich gesetzt. Meistens müssen ältere Geschwister hart kämpfen, um die Grenzen der Eltern aufzuweichen. Die Kleineren haben es oft leichter und kommen in den Genuss einer „lockereren" Erziehung.

Doch wie findet man das richtige Maß der Grenzsetzung? Werden zu früh Grenzen gesetzt, hindert man das Kind daran, auf etwas Neues zuzugehen, sich darauf einzulassen und sich darin zu versinken. Denn was ist schöner, als in die Pfütze zu springen, die Blätter von den Sträuchern zu zupfen oder die Küche unter Wasser zu setzen? Wer hier zu früh mit wiederholten „Neins" daherkommt, der lässt das Kind immer wieder ins Leere laufen. Es will etwas ausprobieren und bekommt zu hören: „Nein, mach das nicht." Es probiert etwas anderes aus und vernimmt bald wieder: „Nein, jenes auch nicht." Wenn es wirklich so ist, dass ein Kind zwei oder drei Dinge hintereinander nicht tun darf, dann sollte man ihm eine Alternative bieten, auf die es ausweichen kann. Wenn es nicht in die Pfützen springen soll, dann können die Eltern ihrem Kind zeigen, wo der nächste Blätterhaufen ist, in den es sich werfen kann. Ansonsten fühlt es sich wie ein Flipperball von Ecke zu Ecke, von Nein zu Nein getrieben, ohne einmal verweilen zu dürfen.

Wer hingegen die Grenzen zu schwach setzt, etwa weil er Schuldgefühle hat, wenn er dem Kind mit Worten und Grenzen „wehtun" muss, der verursacht im Kind ein Gefühl der Leere. Die Eltern müssen also die Mitte finden und sich fragen: Wo fange ich mit dem Grenzensetzen an? Wie hart sollten die Grenzen sein? Bereits in der Babyzeit stellen sich Eltern solche Fragen. Hier gibt es einen groben „Startpunkt" für deutlichere Grenzsetzungen, der etwa im Alter von sechs Monaten liegt. Denn nach etwa sechs Monaten tritt das Kind merklich aus der engen Mutter-Kind-Einheit heraus und wird psychisch selbstständiger. Darauf reagiert

Ohne Grenzen fühlt sich das Kind wie in einer weiten Wüste, in der es keinen Halt gibt.

die Mutter manchmal mit einem Gefühl von Traurigkeit. Die Loslösung beginnt unweigerlich. Das bedeutet aber auch, dass das Kind jetzt kräftiger ist und man ihm mehr zutrauen und zumuten kann. Es gibt eine einfache Faustregel, die da lautet: Im ersten halben Jahr sollte sich die Mutter ganz dem Kind anpassen. Nach sechs Monaten muss sich das Kind mehr und mehr nach der Mutter richten.

Allgemein lässt sich sagen: Eine Grenze sollte immer dann gesetzt werden, wenn die eigene Grenze erreicht ist. Wenn die Mutter denkt: „So, genug Geschichten vorgelesen – ich bin jetzt wirklich müde und sehe bei mir auch keinen Spielraum mehr", dann ist es spätestens an der Zeit, diesem Gefühl Ausdruck zu verleihen und dem Kind deutlich zu machen, dass man jetzt zu keiner weiteren Geschichte mehr bereit ist.

Auch andere natürliche Impulse weisen darauf hin, dass es Zeit für eine Grenze ist. Beispielsweise kann sich das Kind einem Buch nähern, das der Mutter wirklich am Herzen liegt. Dann denkt die Mutter: „Nein, das Buch darfst du nicht haben. Das stammt aus meiner eigenen Kindheit und es war mir schon immer sehr viel wert." Hier wäre der richtige Punkt, „Stopp" zu sagen. Ganz einfach also – die Mutter spürt den Impuls und sollte ihm folgen. Doch oft passiert etwas anderes: Viele Mütter machen an diesem intuitiven Punkt kehrt und denken sich: „Ach, lass das Kind doch, sei doch nicht so streng. Deine Maßstäbe sind wirklich zu engstirnig."

Das ist dann der Punkt, an dem die Grenzsetzung meist zu kurz kommt. Die Mutter lässt das Kind gewähren und schon haben wir den Salat: Die Mutter wird ärgerlich, sieht vor ihrem geistigen Auge schon die Knicke und Risse in den Seiten und weiß dennoch nicht so recht, wie und ob sie das Kind stoppen soll. Die Antwort ist einfach: Sie soll irgendwie Einhalt gebieten und je eher sie das macht, desto „sanfter" ist ihre Stimme noch. Die Mutter braucht viel Vertrauen in die eigenen Gefühle und sollte ihnen meistens folgen.

Wenn die Mutter die Grenze nicht zu Anfang setzt, dann wird sie innerlich immer wütender. Spätestens, wenn das Kind dann die erste Seite des geliebten Buches tatsächlich herausgerissen hat, wachsen die Aggressionen rasant. Dann wird die Situation immer vertrackter. Manchmal folgen Kämpfe – und die sind schlimmer als es eine Grenzsetzung ganz zu Beginn gewesen wäre – zu dem Zeitpunkt, an dem der erste Impuls aufkam. Vielleicht wird es leichter, dem Kind Grenzen zu setzen, wenn die Mutter sich bewusst macht, dass es nach dem „Startschuss" für die Grenze immer schwieriger wird, ein Ende zu finden. Es besteht die Gefahr, schließlich überheftig in Wut auszubrechen. Das macht dem Kind Angst und der Mutter ein schlechtes Gewissen.

Eine Grenze zu setzen zum rechten Zeitpunkt, so schwierig es auch sein mag, verhindert schwierigere Folgen, die wie ein Rattenschwanz hinterherkommen. Dabei wäre es ein Leichtes, dem Kind das Buch ganz am Anfang sanft zu entreißen und es ganz oben ins Regal zu stellen. Doch immer wieder kommt es vor, dass die Mutter bereits hier ein schlechtes Gewissen hat. Dabei will sie ja nicht

Eine zu verhaltene Grenzsetzung kann die Beziehung zum Kind eher schwächen als stärken.

„gegen" ihr Kind handeln, sondern „für" ihr Buch. Oft haben solche Mütter mit dem Thema „Grenzsetzung" zu kämpfen, die sich in ihrer eigenen Kindheit selbst nie richtig gegen die Eltern abgrenzen durften und die diese Nachwehen bis heute mit sich herumschleppen.

Nun gibt es aber auch Mütter, die das Gefühl haben, sie müssten extrem harte Grenzen setzen, damit das Kind sie versteht. Sie sperren bereits das Kleinkind immer wieder in ein Zimmer ein und warten vor verschlossener Tür, bis es sich „beruhigt" hat. Hinter der Tür jedoch vergeht das Kind vor Angst und Wut. Solch eine Grenzsetzung geht

weit über die Fähigkeiten des Kindes, diese Szene zu verkraften oder sich zur Wehr zu setzen, hinaus. Viele Mütter
haben diese Art der Grenzsetzung vielleicht selbst bei ihren
Müttern erlebt. Heute glauben sie, dass es bei „ihrem Temperament" auch nicht anders gegangen wäre.

Doch solch eine harte Strafe bewirkt nur, dass sich das
Kind aus Angst vor einer neuerlichen Härte der Mutter
anpasst. Aber es ist ein falsches Anpassen, eine Täuschung.
Hinter dem „lieben" Kind steckt dann ein unbemerkt wü-
tendes und gedemütigtes Kind. Dadurch entsteht eine ungute, aber sehr feste, verpappte Bindung: Das Kind ist über-
angepasst, schaut stets nach der Mutter, ist innerlich aber
über die Demütigung wütend. Der verstärkte Blick nach
der Mutter, das Streben nach ihrer Gunst und das Vermeiden von Strafe, hält das Kind beschäftigt und gefangen und
lässt es nicht frei sein.

Die Kinder wollen den Eltern gefallen. Sie sind auf ihre
Liebe angewiesen. Es reicht, wenn die Mutter dem Kind
deutlich signalisiert, dass es zu weit gegangen ist. Die Mutter kann das allein durch Gestik und
Mimik zeigen. Und durch Wieder-
holungen. Immer wieder muss sie
zeigen, wann die Grenze überschrit-
ten ist. Sie darf ruhig überzeugt da-

Ein Kind braucht gar nicht so viel Strafe: oft reicht schon ein strenger Blick.

von sein, dass ihr ehrlich gemeinter, kritischer Blick vom
Kind verstanden wird, auch, wenn es zuerst nicht den
Anschein hat – besonders im Alter von etwa einem Jahr

lachen die Kinder die Mutter an, wenn sie „Nein" sagt. Doch das ist eher Ausdruck der Freude darüber, dass die Mutter berechenbar ist, zum Kind sieht und darauf reagiert. Die Mutter sollte das Vertrauen haben, dass ihr „Nein" vom Kind verstanden wird, auch wenn es zuerst überhaupt nicht danach aussieht. Sind die Kinder älter, akzeptieren sie diese Grenze. Fast alle Kinder gehen immer wieder erst über Mutters Grenzen und lernen durch Beharrlichkeit, wo diese Grenzen sind.

Durch ständiges Wiederholen des „Neins" festigt sich das Wissen darüber, wo die Grenze erreicht ist.

Das Thema „Grenzsetzung" wird besonders in der Öffentlichkeit brisant. Viele Eltern fürchten die Blamage, wenn ihr Kind ihnen vor den Augen anderer nicht gehorcht. Wohl jede Mutter kennt diese Situation im Supermarkt: Die Mutter fordert ihr Kind auf: „Lass die Schokolade jetzt los!" Doch das Kind schreit noch mehr und lässt eben nicht los. Spätestens dann sind die Blicke aller auf die Mutter gerichtet. „Dem Blag würd' ich's zeigen", hört die Mutter eine ältere Frau hinter sich flüstern – und sie selbst könnte vor Scham im Boden versinken.

Da hilft es immer wieder nur, sich selbst innerlich aufzurichten. Die Kinder brauchen Zeit. Wie viele Kinder laufen weg und schreien, wenn man ihnen sagt: „Ich will dich jetzt wickeln." Läuft man ihnen hinterher, hält sie fest und wickelt sie mit Gewalt, so hat man als Mutter oder Vater zwar scheinbar gewonnen. Aber dennoch fühlt man sich nicht gut damit, weil es ja doch eine etwas härtere körperliche Auseinandersetzung war. Das Kind wiederum fühlt sich bedrängt und versucht vielleicht, die Mutter zu hauen, was erneut zu peinlichem Berührtsein führt.

Es ist manchmal eine Kunst, doch wenn es klappt, ist es wunderbar: die Öffentlichkeit in diesen Situationen so weit wie möglich auszublenden. Es soll egal sein, was die anderen denken. Wichtig ist es, in dem Moment zu wissen: „Wo ist gerade meine Grenze? Was sind meine Werte und was ist mein Gerechtigkeitsempfinden? Wie weit ist das Kind? Was davon kann es schon verstehen und was nicht?" Sobald die Eltern nicht mehr auf dem „Jetzt" bestehen, sondern ihrem Wunsch oder „Befehl" Raum geben, entspannt sich die Situation. Sicher gibt es immer Momente, in denen ein Kind hier und jetzt gehorchen muss. Aber oft können die Situationen viel mehr Luft vertragen. Wenn das Kind sich

Es ist kein persönliches Versagen, wenn das Kind nicht auf der Stelle gehorcht.

nicht jetzt wickeln lassen will – was spricht dagegen, fünf Minuten zu warten und es erneut zu fragen? (Es sei denn, man hat nun wirklich keine Zeit.) Viele Mütter stellen erstaunt fest, dass es dann kein Theater mehr gibt und sich das Kind ohne großes Murren wickeln lässt.

Grenzsetzung erfordert viel Fingerspitzengefühl. Das „Nein" sollte so gestaltet sein, dass das Kind damit leben kann. Wenn es nicht die ganze 20er-Packung Taschentücher zum Spielen haben darf, dann vielleicht doch wenigstens eine. Wenn es nicht jetzt den Kuchen essen darf, dann vielleicht doch später. Wenn es nicht das ganze Stück Brot von der Mutter haben darf, dann reicht ihm doch oft ein Zipfel davon. Die Kinder wollen eben nur „ein Stück" von der Mutter haben, um sich nicht verlassen zu fühlen. Es kommt nicht darauf an, „ganz oder gar nicht", „schwarz oder weiß", „konsequent oder inkonsequent" zu handeln, sondern der Situation Raum zu geben und das Beste aus dem Gegebenen zu machen.

Als „Konsequenz" für unerwünschte Kindertaten wenden heute die Eltern oft die „Auszeit" an. Doch ob sie so wirkungsvoll ist, wie häufig angepriesen, ist fraglich. Während die Kinder auf dem Stuhl sitzen, haben sie nicht nur Zeit, über sich selbst nachzudenken. Sie können auch darüber sinnieren, was sie noch anstellen könnten, denn sie sitzen ja mit Wut im Bauch auf dem Stuhl. Vielleicht überlegen sie, was sie das nächste Mal tun könnten, um nicht erwischt zu werden. Diese Erziehungsmethode erinnert mich immer an Szenen aus der Kinderserie „Unsere kleine Farm", in der die Lehrerin jede Stunde sagen musste: „Willi, in die Ecke!" Natürlich ohne bleibenden Erfolg.

Viele Kinder, die die Auszeit gewöhnt sind, entwickeln daraus ein Spiel. Sie überlegen sich: „Wie kann ich die wütende Reaktion der Mutter hervorrufen?" Sie triumphieren, wenn sie endlich auf dem Stuhl sitzen. Denn dann sind sie sich gewiss, dass sie es geschafft haben, die Mutter bis zum Äußersten zu bringen. Das betrifft besonders Kinder, die ihre Mutter schlecht einschätzen können, weil sie beispielsweise oftmals unberechenbar handelt. Oder solche Kinder, die sich von ihrer Mutter nur selten ernst genommen fühlen. Denn an dieser Stelle können sie die Mutter kontrollieren. Sie müssen nur etwas Bestimmtes tun und dann landen sie in der „Auszeit" auf dem Stuhl. Das gibt Sicherheit.

Wenn die Mutter-Kind-Beziehung jedoch klar ist und die Mutter sich dem Kind gegenüber in der Regel berechenbar verhält, dann hat es erst gar nicht das Bedürfnis, die Mutter immer wieder zu verstricken und zu kontrollieren. Es muss nicht erst manipulieren, um seine Bedürfnisse erfüllt zu bekommen. Eine Mutter, die in direkter Auseinandersetzung mit dem Kind dessen Bedürfnisse befriedigt oder verwehrt, macht dem Kind deutlich, dass sie „da" ist, dass sie ihr Kind hört und registriert. So wollen die Kinder ihre Mutter erst gar nicht so weit bringen, dass sie eine bestimmte Strafe einsetzt. Kinder, die gehört und ernst genommen werden, brauchen keine Strafe als Beweis, dass sie bei ihren Eltern angekommen sind.

> **Wenn ein Kind frühzeitig ernst genommen wird, dann muss es die Mutter nicht erst von der Ernsthaftigkeit seiner Äußerungen überzeugen.**

Das Setzen von Grenzen ist wichtig, aber es sollten Grenzen sein, mit denen das Kind umgehen kann und mit denen es die Mutter nicht als übermächtig erlebt. Dabei sollte der Ball recht flach gehalten werden. Der richtige

Blick zur rechten Zeit kann reichen. Auch eine klare Ankündigung ist wirksam: „Ich nehme dir den Ball weg, wenn du nicht aufhörst, gegen das Fenster zu schießen." Dann sollte der Ball in der Tat auch weg sein.

Es ist wichtig, dass die Mutter die Konsequenzen, die sie androht, auch wahr macht und dass sie sich im Allgemeinen berechenbar verhält. Daher sollte sie am besten immer nur genau eine Konsequenz aussprechen und das Kind nicht mit einer Vielzahl von möglichen Folgen verwirren, die sie selbst letzten Endes auch nicht einhalten kann. Als Strafe sollte zudem nichts eingesetzt werden, was für das Kind „schön" bleiben soll. Eine typische Drohung aus Mutters Mund ist beispielsweise diese: „Wenn Du nicht gehorchst, stecke ich Dich ins Bett." Das kann bewirken, dass das Bett die Etikette „schlecht" bekommt. Also müsste doch auch das Zubettgehen am Abend etwas Schlechtes sein. Da ist es besser, wenn das Kind auf etwas Gutes verzichten muss. Eine typische Ankündigung könnte dann so aussehen: „Wenn du jetzt nicht kommst, dann werde ich sauer" oder „ … dann schäle ich dir gleich keinen Apfel". Für das Kind oft schlimm genug. Die Liebe ist dann also entzogen. Doch sollte das nicht zu lange der Fall sein. Wenige Minuten sollten reichen.

Immer wieder kommt es auch vor, dass die Mutter in ihrer Hilflosigkeit andere als mögliche Strafende heranzieht und die anderen somit zu den Bösen macht. Sie selbst zieht sich aus der Affäre und bleibt scheinbar die Gute: „Wenn du da drangehst, dann schimpft gleich der Papa mit dir." Das Kind merkt, dass da etwas faul ist. Die Mutter sollte bei der Wahrheit bleiben und für Klarheit sorgen: „ … dann schimpfe ich mit dir." So bleibt es für das Kind immer klar, wer hier „der Böse" ist und mit wem es zu tun hat.

Doch wann immer es um das „Erziehen" geht: Man kann viel bewirken, wenn das Kind ausgeschlafen ist und noch denken kann. Es hat jedoch keinen Zweck, einem müden, schreienden Kind Konsequenzen aufzuzeigen. Es ist dann nicht aufnahmefähig. Die Ursache des Kampfes, also die Müdigkeit, muss erst beseitigt werden.

Eltern können zudem durch weise Vorausschau Aggressionen und Kämpfe vermeiden. Wichtig ist es, dass sie sich immer wieder ganz und gar auf das Kind konzentrieren. Schon 15 Minuten gemeinsamen Spiels – ohne Ablenkung durch das Telefon oder anderes – reichen aus, um ein kleines Kind für einen längeren Zeitraum zufriedenzustellen. Die Eltern sollten den Kindern genügend Spielangebote machen. Die Kinder brauchen Bewegung und Platz. Lärm macht aggressiv, genauso wie Hunger oder Durst. Wenn mehrere Kinder zusammenspielen, sollten die Eltern genügend Spielzeug zur Verfügung stellen, gerne auch mehr von demselben. Am besten eignen sich Wasser, Stöcke, Sand, Steine, Blätter usw. Kaum ein Kind ist im Wald unzufrieden.

Durch vorausschauendes Handeln lassen sich Aggressionen und Kämpfe mit den Kindern vermeiden.

Bücher, die den Eltern wichtig sind, sind ganz oben auf dem Regal am besten aufgehoben. Wenn sich andere Kinder zum Besuch ankündigen, sollten die Eltern das Spielzeug, das dem Kind heilig ist, wegschließen – genauso, wie wir es mit unseren eigenen Kostbarkeiten auch tun. Eltern sollten es achten, wenn einem Kind Dinge wichtig sind und ihm zeigen, dass man das erkennt und Vorsorge trifft. Ein zufriedenes Kind ist ansprechbar und kann sich ins Spiel versenken. Das Zufriedenstellen ist anstrengend und zeitaufwendig. Aber auf lange Sicht lohnt es sich immer.

Tyrannei – will mein Kind mich ärgern?

So viele Eltern haben Angst davor, dass bereits ihr Baby sie tyrannisiert. Oder sie fürchten, dass ihr Kleinkind oder später das größere Kind sie in gefährlicher Weise manipulieren könnte. Kaum einen Satz hört manche Mutter öfter als den: „Pass auf, sonst tanzt dir dein Kind noch auf der Nase herum!" Im Moment machen Erziehungsbücher gegen die Tyrannei die Runde: Spätestens seit der „Super-Nanny" ist das Grenzensetzen und die Auszeit auf dem Stuhl wieder salonfähig. Doch wie kommt es, dass Eltern Angst haben, ihr Kind könnte sie tyrannisieren?

Die Angst vor Tyrannei entsteht oft daraus, dass die Eltern das kindliche Verhalten falsch interpretieren.

Besonders Eltern, die selbst unsicher sind und Angst haben, dass andere sie manipulieren könnten, haben bereits im Babyalter Sorge, sich von ihrem Kind „herumkommandieren" zu lassen. So wird normales, argloses Verhalten manchmal schon als Tyrannei interpretiert – etwa, wenn das Baby oder Kleinkind etwas Neues auskundschaftet, laut auf dem Tisch herumklopft, etwas Gewünschtes erreicht oder Kummer signalisiert.

In unserer Kleinkindgruppe gab es eine Mutter, die viel zu früh mit der Sauberkeitserziehung angefangen hatte. An einem Nachmittag verwickelten sich Mutter und Kind in einen Kampf. Es ging um etwas Nebensächliches – das Kind wollte noch ein Stück Kuchen essen, doch die Mutter wollte ihm keines mehr geben. Das Kind musste in der Aufregung auf einmal Pipi machen und rannte in Richtung Toilette – doch die war besetzt. Vor der Tür angekommen, stoppte es noch einmal und verlieh seiner Verzweiflung mit viel Geschrei Ausdruck. Ich schaute das Kind mit einem verstehenden Blick an. Wir begannen, zu kommunizieren, das Kind entspannte sich. Es war sichtlich erleichtert über den Halt, den es anscheinend bei mir in diesem Moment fand. Das Mädchen war so erleichtert, dass sie sichtlich aufatmete und dann – aus Versehen – vor der Toilettentür auf den Boden Pipi machte. Ich interpretierte es als Ausdruck der Erleichterung und es lag mir fern, in dem Pipimachen nun etwas Böses zu sehen. Die Mutter hatte jedoch unsere kleine Kommunikation nicht mitbekommen und sah nur, dass das Kind auf einmal auf den Boden pinkelte. Sie rannte zu dem Kind hin und schimpfte lauthals. Das hätte es mit Absicht gemacht, weil es so sauer gewesen sei, keinen Kuchen mehr zu bekommen. Zwei Mütter, zwei grundverschiedene Sichtweisen. Ich hatte das Ganze mit Abstand sehen können. Doch die Mutter des Kindes war innerlich noch so in den Kampf vor einigen Minuten verwickelt, dass sie das Verhalten des Kindes als etwas Mutwilliges und „Böses" interpretierte.

Auch ein Kind, das müde ist und hilflos seinen Willen durchsetzen will, mag an einen Tyrannen erinnern. Doch in Wirklichkeit ist es müde und möchte mit allerletzter Kraft seine Autonomie unter Beweis stellen. Es signalisiert der Mutter in seiner Verzweiflung: „Lass mich los, aber halte mich fest. Wasch mich, aber mach mich nicht nass." Hier mit konsequenter Erziehung anzufangen, endet meistens in einem aussichtslosen Kampf. Doch merke: keine Kämpfe, wenn das Kind müde oder krank ist. Die Müdigkeit führt beim Kind zu übertriebenen, hektischen Bewegungen; manche Mütter nennen die kritische Zeit am Abend auch „Beulenalarm". In solchen angespannten Momenten sollte es nur noch heißen: so schnell wie möglich Ruhe in die Situation bringen und mit so wenig Blessuren wie möglich ins Bett. Die Gefahr ist groß, dass man das Kind, das sich und anderen seine Unabhängigkeit beweisen will, als „kleinen

> **Es bringt nichts, einem müden, schreienden Kind Konsequenzen aufzuzeigen.**

Tyrannen" bezeichnet. Weitere beliebte Ausdrücke der Elternangst sind auch: „Die Kleine weiß schon ganz genau, wie sie die Eltern gegeneinander ausspielen kann" oder „Die hat schon raus, wie sie ihren Willen durchsetzen kann". Wer mit solchen Blicken auf ein Kind schaut, der provoziert geradezu den Trotz im Kind, weil es sich unverstanden und ungerecht behandelt fühlt. Sicher gibt es den einen oder anderen „Trick", den das Kind mal anwendet – das ist auch ein Zeichen seiner wachsenden Sozialisation und Intelligenz; doch oft steht die Vermutung, dass das Kind etwas „Hinterlistiges" will, schon in ganz normalen Situationen weit im Vordergrund. Oft brauchen die Kleinen in dem Moment doch nur liebevolle Aufmerksamkeit. Doch wir sind nicht offen dafür, weil wir selbst ja mit solchen Blicken unserer Eltern groß geworden sind. Uns selbst hat man Manipulation und Tyrannei unterstellt. So geben wir es den Kleinen weiter – es sei denn, wir können über die Situation nachdenken und haben den Mut zu neuen Sichtweisen.

Am meisten bereitet es den Eltern jedoch immer noch Probleme, wenn „der kleine Tyrann" wütend ist. Die Wut eines Kindes hängt jedoch eng zusammen mit einem Gefühl der Verzweiflung und auch mit der Traurigkeit, dass es noch nicht so unabhängig ist, wie es gern wäre. Wenn die Eltern seine Kämpfe zu würdigen wissen und verstehen, dass da ein Menschlein ganz allein auf eigenen Beinen stehen will, dann sieht die Sache oft schon ganz anders aus: Allein die Würdigung reicht aus, damit der kleine „Tyrann" verschwindet und die kleine Seele zum Vorschein kommt.

Natürlich gibt es immer wieder Situationen, in denen die Kinder harsch über die Grenzen treten. Hier muss man sie in ihre Schranken weisen. Zum Problem werden diese Situationen immer dann, wenn die Eltern Angst davor haben, sich in den Dingen durchzusetzen, die ihnen wirklich am Herzen liegen. Denn das merkt das Kind und verliert selbst seinen Halt. Viele Eltern befürchten, die Liebe ihres Kindes zu verlieren, wenn sie zu „streng" sind, oder sie glauben, dass das Kind ihre Strenge nicht verkraftet. Manchmal kostet es in diesen Situationen Mut, seine Durchsetzungskraft auszuprobieren. Doch viele Eltern stellen dann fest, dass nicht Abweisung das Ergebnis ist, sondern oft eine ruhige Zufriedenheit. Sowohl die Sorge vor Tyrannei als auch die Sorge davor, man würde dem Kind durch Grenzen Schaden zufügen, sind wohl häufige Begleiter der Eltern. Doch die meisten schaffen es sehr gut, den angemessenen, respektvollen Umgang mit ihrem Kind zu finden.

„Das ist meins!"

„Mein Kind haut, beißt und kratzt", erzählt eine Mutter betrübt. Sie macht sich inzwischen große Sorgen, weil die „Gewalt" bei ihrem zweieinhalbjährigen Sohn scheinbar überhand nimmt. Doch bis die Kinder drei Jahre alt sind, können sie Konflikte mit anderen Kindern nur mit körperlicher Gewalt lösen. Das ist einfach so. Die Kinder erleben alles sehr unmittelbar. Vielen Müttern bricht es fast das Herz, wenn sie sehen, wie ihr Kind von einem anderen geschlagen wird. Doch sie fühlen sich manchmal noch schlechter, wenn ihr Kind der „Täter" ist. Aber beides kommt im Wechsel immer wieder vor. Wenn ein Kind einem anderen zu nahe kommt, dann hat das bedrängte Kind so schnell noch keine Gesten oder Worte parat, um das andere Kind wieder auf Distanz zu bringen. Also haut, tritt oder beißt es. Das Kleinkind schlägt auch nach der Mutter, wenn es sich von ihr bedrängt fühlt, wenn die Mutter plötzlich die Windeln wechseln will, ohne dass das Kind sich darauf einstellen konnte.

Ähnlich ist es mit Gegenständen, die die Kinder verteidigen. Sie kämpfen besonders im Alter von zwei bis drei Jahren um ihre Autonomie. Sie genießen es, etwas zu besitzen, in der Hand halten zu dürfen und dann zu sagen: „Meins!" Für sie ist es so, als würde der Bauklotz, den sie in der Hand halten, ganz zu ihnen gehören. Ein anderes Kind, das den Bauklotz entreißen will, ist wie ein Eindringling in den eigenen Kreis, ein Angreifer, der die Integrität des Kindes bedroht. Der Schmerz, den das Kind empfindet, wenn ihm der Bauklotz aus der Hand gerissen wird, ist genauso

Kinder mit ein bis zwei Jahren haben noch nicht den „Spielraum", ihr Spielzeug zu teilen.

groß, wie er sich anhört, wenn das Kind dann schreit. Das Kind kann noch nicht denken: „Ach, es ist nur ein Gegenstand." Es hat das Gefühl, als wäre ihm fast körperlich etwas entrissen worden.

Wenn eine Mutter oder Erzieherin das versteht, dann geht es den Kindern und auch den Erwachsenen besser. Daher können Kleinkinder auch nur kleine Streitereien untereinander selbst austragen. Wenn sie noch sehr klein sind, dann ist es beispielsweise in Krabbelgruppen sehr wichtig, dass ein Erwachsener in der Nähe ihres Spiels ist, der eingreift und lenkt, wenn es um Kabbeleien um ein Spielzeug geht. So bekommen die Kinder eine Orientierung, die sie selbst noch nicht haben. Der oft gehörte Ratschlag: „Ihr könnt doch auch zusammen damit spielen" geht einfach in die Hose, weil die Kinder mit ein bis zwei Jahren noch nicht den „Spielraum" haben, ihr Spielzeug zu teilen. Es gehört zu ihnen, ein anderer ist ein Eindringling. Zusammenspielen kommt erst später.

Dieses Gefühl, dass Gegenstände oder Kleidung ganz zum Kind gehören, zeigt sich auch in anderen Situationen: Manchmal will ein Kind seine volle Windel nicht hergeben, weil sie so sehr „zu ihm" gehört. Da ist es gut, etwas Raum zu schaffen und das Wickeln anzukündigen: „Ich werde dich in ein paar Minuten wickeln." Viele Kinder wollen sich nicht die Haare oder Fingernägel schneiden lassen aus genau diesem Grund: sie gehören zu ihnen und sie wollen „ganz" bleiben. Wenn die Kinder mit zwei Jahren in den Vorkindergarten kommen, können Mütter auch immer wieder beobachten, dass sie ihre Schuhe oder ihre Jacke anfangs nicht ausziehen wollen. Wie gut ist es dann, wenn sie eine verständnisvolle Erzieherin haben. Die Mutter mag zu ihrem Kind sagen: „Es steht in der Hausordnung, dass du die Schuhe ausziehen musst." Eine erfahrene Erzieherin wird sagen: „Das Kind ist ganz neu hier, die Schuhe gehören zu ihm. Wir lassen sie erst einmal an. Das Kind ist noch nicht bereit, so viel von sich herzugeben oder sich hier so heimisch einzurichten und loszulassen."

Erst mit etwa vier oder fünf Jahren verfügen die Kinder über die Fähigkeit, in der Form über sich und andere nachzudenken, wie es Erwachsene tun. Noch mit drei Jahren passen sie ihr Denken an die Realität an. Ein Beispiel hierfür liefert ein bekannter Versuch: Zeigt man einem dreijährigen Kind eine Schachtel, auf der Buntstifte abgebildet sind und fragt, was in der Schachtel sei, so wird das Kind sagen „Buntstifte". Nun öffnet man die Schachtel und darin sind überraschenderweise Bonbons. Das Kind weiß nun: In der Schachtel sind in Wirklichkeit Bonbons. Fragt man nun das Kind, was sein Freund denken würde, wenn man ihm die Schachtel zeigt, so wird es sagen: „Mein Freund denkt, da sind Bonbons drin." Erst ein Jahr später, also mit etwa vier Jahren, wird es so weit denken können, dass es weiß: „Mein Freund wird sagen, da sind Buntstifte drin." Kleinkinder denken noch anders als vier- oder fünfjährige Kinder und sie sind zu vielem noch nicht fähig, wofür wir

Erwachsenen sie manchmal halten. Eltern sollten immer versuchen, herauszufinden, wie weit ihr Kind wirklich ist, sodass sie das richtige Maß zwischen Über- und Unterforderung herausfinden. Zu meinen, die Kinder seien heute „viel weiter" als früher, ist ein Trugschluss. Die Schwangerschaft dauert immer noch neun Monate, das Laufen lernen sie immer noch erst ab etwa einem Jahr und das Sprechen noch immer erst ab etwa eineinhalb Jahren.

Eine Mutter sagte kürzlich zu mir: „Die Kinder können heute ruhig früher in den Kindergarten gehen als wir damals. Die sind doch heute schon viel weiter, als wir es waren." Ich fragte sie, woran sie das festmache. Sie antwortete: „Sie können schon mit dem Computer umgehen und sie schminken sich viel früher." Aber das sind äußere Dinge. Auch ein Dreijähriges kann sich mit Lidschatten anmalen. Das sagt aber nichts über seine innere Welt aus. Heute können die Kinder vielleicht früh mit dem Computer umgehen, dafür können sie auf dem Feld keine Kartoffeln mehr ernten oder mit kleinen Ferkeln umgehen, wie es die Kinder früher konnten. Solche Dinge entsprechen einfach nicht mehr unserer Welt – es sei denn, es sind Kinder aus Bauernfamilien. Was die Kinder imitieren, ist eine Frage des Umfeldes.

Dieselbe Frau sagte mir kürzlich, dass der Vorkindergarten ihrer Tochter sehr viel gebracht habe – insbesondere, was das soziale Zusammenspiel anginge. Hätten die Kinder vor einem Jahr, also mit etwa zwei Jahren, noch gar nicht miteinander gespielt, so wären sie jetzt doch wunderbar fähig, gemeinsam zu spielen. Aber auch das ist nicht unbedingt nur das Ergebnis der Erfahrungen im Vorkindergarten. Es ist eine Tatsache, dass Kinder mit zwei Jahren noch nicht so sehr mit anderen spielen können, dies aber mit drei Jahren sehr wohl tun. Mag sein, dass der Vorkindergarten diesen Sozialisationsprozess unterstützt hat. Aber er wäre auch ohne Vorkindergarten ganz natürlich so abgelaufen.

Das Kind macht doch nur Theater!

Viele Mütter sind verunsichert, wenn es darum geht, ihr Kind nach einem Sturz zu trösten. Sie glauben, wenn sie zu sehr auf den Sturz und den Schmerz des Kindes eingehen, dann würden sie es zu einem weinerlichen Kind erziehen, das im Schmerz übertreibt.

Sicher gibt es da die sogenannte „Rückversicherung". Wollen Kleinkinder etwas Neues auskundschaften und trauen sich noch nicht so richtig, dann schauen sie zur Mama, wie sie das Neue beurteilt. Zwinkert die Mutter ihrem Kind aufmunternd zu, dann wird es mit Freude und Neugier auf die neue Sache zugehen. Blickt die Mutter ängstlich, wird das Kind weitere Schritte vermeiden. So kann die Mutter das Verhalten ihres Kindes, seine Abenteuerlust und seine Gefühle beeinflussen. Dasselbe kann auch passieren, wenn sich ein Kind wehtut. Es sieht zur Mutter, um sich rückzuversichern, wie sie den kleinen Unfall beurteilt. Schaut sie erschrocken, dann muss es ja wehtun, denkt sich das Kind. Sagt sie: „Das ist nicht so schlimm", so geht auch das Kind leichter über sein Missgeschick hinweg.

Doch diese Rückversicherung hat ihre Grenzen. Oft fällt ein Kind hin und fängt gleich an zu weinen, ohne zur Mutter zu schauen. Es hat sich einfach wehgetan. Aus der Angst heraus, es könnte zu zimperlich werden, sagt die Mutter dann manchmal: „Ist nicht so schlimm", obwohl es schon ganz schön schlimm ist. Eltern können ruhig darauf vertrauen, dass ein Kind ganz natürlicherweise schon den Schmerz zeigt, den es empfindet.

Ein Kind zeigt ganz natürlicherweise schon den Schmerz, den es empfindet.

Vor einiger Zeit sah ich ein Kind schwer stürzen. Es schrie sofort heftig, ohne zuerst nach der Mutter zu schauen. Es war sein natürlicher Reflex. Ein Bekannter, der in der Nähe stand, sagte: „Das war nur der Schreck." Doch wer das Kind hätte fallen sehen, der hätte gewusst: Es war der pure Schmerz. Wir dürfen das Schreien ruhig ernst nehmen. Wenn wir das Kind dann hochheben und ihm sagen, dass der Sturz wohl wirklich wehgetan haben muss, dann fühlt es sich verstanden und angenommen. Es hört auf zu weinen, sobald der Schmerz nachlässt. Wenn wir es aber aufheben und sagen: „Nicht so schlimm", dann fühlt es sich völlig missverstanden und muss mit umso stärkerem Gebrüll zeigen, dass das alles sehr wohl tragisch ist und dass sein Knie gerade sehr wehtut. In der Folge wird das Kind wahrscheinlich viel länger schreien, als es vom Schmerz her nötig wäre – nur, um die Mutter davon zu überzeugen, dass es sich wirklich wehgetan hat. Mütter, die dagegen ankämpfen, dass ihr Kind zu wehleidig wird, bewirken also oft, dass es gerade deshalb „zimperlich" wird.

Es ist ein feines Zusammenspiel zwischen Mutter und Kind, was da stattfindet. Die Mutter, die darauf vertraut, dass ihr Kind schon „echt" ist und zeigt, wie weh ihm etwas wirklich tut, die braucht nicht mehr verkrampft zu steuern, sondern kann so auf das Kind zugehen, wie ihre Intuition es ihr sagt. Denn genauso, wie das Kind den echten Schmerz zeigt, kann die Mutter sich auf ihre Intuition verlassen und so auf das Kind zugehen, wie sie es meint. Sie kann es ganz in Ruhe an sich drücken und trösten. Erst, wenn sie zu viele Erziehungsratgeber gelesen hat, dann ist sie verunsichert und steuert gedanklich gegen ihre natürlichen Impulse an, sodass die Situation „Hinfallen – Schmerz – Trösten" länger dauert als „von der Natur aus geplant".

Ähnliches passiert manchmal, wenn ein Kind morgens vor dem Kindergarten weint. Viele Mütter sagen dann: „Schon wieder dieses Theater", oder „Mein Kind macht immer nur Theater". Nein, es hat einen enormen Trennungsschmerz und aufgrund von Entwicklungsschritten hat es die Mama gerade vielleicht besonders nötig. Das ist kein Theater. Es wird erst zum „Theater", wenn das Kind auf seinen Schmerz keine adäquate Antwort findet. Denn dann muss es übertreiben, um allen zu zeigen, dass es ihm wirklich schlecht geht.

> **Wenn keiner auf seine Schmerzen reagiert, muss das Kind übertreiben, um zu zeigen, wie schlecht es ihm geht.**

Meine Tochter hatte einige Wochen, in denen sie morgens nicht in den Kindergarten wollte. Es waren Wochen meines persönlichen Umbruches. Trennungen standen an, eine neue Arbeitsstelle tat sich für mich auf. Meine Kleine spürte den Umbruch und reagierte mit Trennungsängsten. Besonders überrascht war ich, als sie eines Morgens ruhig sagte: „Wenn Kindergarten, dann weine ich." Ich freute mich darüber, dass sie so einen Entwicklungsschritt getan hatte. Diese Aussage zeigt, dass sie vorausschauen kann, dass sie eine Vorstellung von Zeit gewonnen hat und dass sie über ihre Gefühle nachdenken und sprechen kann. Diese Aussage hat mich beruhigt, gefreut und stolz gemacht. Und sie hat mich gerührt und traurig gemacht, weil ich meinem Kind in dieser Zeit mehr Trennung zumuten musste, als es vertragen konnte.

Mit diesen Gefühlen ging ich in den Kindergarten und erzählte, was meine Tochter gesagt hatte: „Wenn Kindergarten, dann weine ich." Doch die Antwort, die von einer anderen Mutter dazu kam, hatte ich nicht erwartet. Sie machte mich betroffen: „Jaja, die Kleinen wissen schon ganz genau, wie sie ihre Mütter packen können. Die haben schon alle Tricks auf Lager." Wow. Ich schluckte. Ist es wirklich üblich, seine Kinder so zu betrachten? Wohin soll ein Kind mit seinem Schmerz, wenn es auf solche Ansichten trifft? Dieses Erlebnis zeigt, welche Meinungen über Kinder oft vorherrschen. Mütter glauben da an Tricks und Manipulation, wo Kinder nur zeigen, wie es ihnen geht.

Die Ursache liegt in der Tradition. Diese Mütter wurden bereits von ihren Müttern so betrachtet. Die Ergebnisse der Säuglings- und Kleinkindforschung sprechen sich nur langsam herum. Die Ursache mag darin liegen, dass in vielen Müttern eigene traurige Erinnerungen wach werden, wenn sie das Kind mit anderen Augen betrachten. Dann fühlen sie sich vielleicht selbst daran erinnert, wie sie im Kindergarten weinten und keine Antwort fanden. Doch wer diese Trauer nochmals nachträglich zulässt, der ist offen dafür, sein Kind anders zu behandeln und die Linie, die sich über Generationen fortgeführt hat, zu durchbrechen.

Wer hilft im Notfall?

Wenn Eltern darüber nachdenken, mit ihrem Kind professionelle Hilfe aufzusuchen, dann stehen sie oft vor der schwierigen Frage: „Wohin gehe ich?"

Viele Eltern wenden sich an einen Neurologen – der ist aber eher für „handfeste Nervenkrankheiten" zuständig. Dazu gehören beispielsweise die Epilepsie, Lähmungen,

Behinderungen nach einem Sauerstoffmangel, Multiple Sklerose oder Schlaganfälle. Dann gibt es den „Psychiater". Das ist ein Arzt, der sich auf dem Gebiet der Psychiatrie spezialisiert hat. Psychiater haben für seelische Störungen eher eine biologische Erklärung und behandeln daher gerne mit Medikamenten oder Verhaltenstherapie. Psychiater sind auch zuständig für sehr schwere Störungen wie die Schizophrenie oder Suchterkrankungen. Schließlich gibt es den Psychologen sowie Ärzte mit dem Zusatztitel „Psychotherapie". Grundsätzlich kann man bei Psychotherapeuten, egal ob sie nun Psychiater, Psychologen oder Ärzte sind, zwei Therapierichtungen unterscheiden: die Verhaltenstherapie und die analytische Therapie. Am besten fragt man am Telefon nach, nach welcher Methode der Therapeut arbeitet.

Bei verhaltenstherapeutischen Maßnahmen bekommen die Eltern Regeln an die Hand gelegt, mit denen sie Schwierigkeiten mit Trainingsmaßnahmen beheben können. Da gibt es Programme, die vielen Eltern wirklich weiterhelfen. Doch oft erfordern diese Programme, dass die Eltern entgegen ihrer Intuition handeln. Wenn sie beispielsweise ein Baby haben, das schlecht schläft und nach verhaltenstherapeutischen Programmen arbeiten, dann müssen sie eventuell ihr natürliches Bedürfnis, das Baby noch einmal hochzunehmen und zu trösten, manchmal unterdrücken. Sie sollen sich dann beispielsweise nach der Uhr richten und das Kind noch einen Moment liegen lassen. Oder sie sollen es wecken, wenn es noch schläft. Es gibt da zahlreiche Bücher und Verhaltensregeln, die manchen Eltern ein hilfreicher Leitfaden sind.

Die analytische Therapie hingegen unterstützt die intuitiven Fähigkeiten der Eltern. Anstelle des Begriffes „analytisch" kommen auch die Begriffe „psychodynamisch" oder „tiefenpsychologisch" vor. Sie bedeuten weitestgehend dasselbe, nämlich, dass die Therapeuten unbewusste Ideen mit in die Behandlung einbeziehen und sie den betroffenen Eltern oder älteren Kindern bewusst machen. So können die Eltern ihre Gefühle und die des Kindes genauer verstehen, was meist zur Entspannung einer angespannten Situation führt. Dieser Ansatz ist besonders für solche Eltern gedacht, die nach dem „Warum" fragen und Verhaltensregeln kritisch gegenüberstehen. Wenn unbewusste Fantasien durch eine analytische Therapie bewusst werden, so führt dieser Ansatz genauso zum Ziel wie ein verhaltenstherapeutisches Programm.

Wenn die Mutter eines Kindes mit Schlafproblemen beispielsweise alle paar Minuten nach ihrem Kind schaut, weil sie Angst hat, es könnte nicht mehr atmen, dann stört sie das Kind in seinem Schlaf. Sie könnte aber nur mit großem Kraftaufwand entgegen ihren Vorstellungen handeln. Es fiele ihr sehr schwer, nicht immer wieder nach dem Kind zu sehen. Wenn in psychotherapeutischen Gesprächen deutlich wird, welche Fantasien zu ihrem Handeln führen, dann ist diese Mutter durch die neuen

Erkenntnisse oft sehr entlastet. Meistens ändert sie dann ihr ursprüngliches Verhalten und ist dem Kind gegenüber entspannter, ohne dass sie dafür Kraft aufwenden müsste.

Sowohl verhaltenstherapeutisch begleitete als auch tiefenpsychologisch unterstützte Mutter-Kind-Paare verspüren durch die Behandlung meistens eine Linderung ihrer Probleme. Es kommt nicht nur auf die Methode an, sondern auch darauf, welche Richtung der Mutter mehr entgegenkommt und darauf, dass sich der begleitende Therapeut und die Mutter gut verstehen.

Wer Hilfe sucht, sollte sich nicht scheuen, sich so lange zu orientieren, bis die geeignete Anlaufstelle gefunden ist. Nur wenn Mutter und Kind sich wohlfühlen, wird eine Therapie erfolgreich sein.

Weiterführende Adressen

Bundeskonferenz für Erziehungsberatung e.V. (bke)
Herrnstraße 53
90763 Fürth
Tel.: 0911 977140
E-Mail: bke@bke.de
www.bke-online.de

Vereinigung analytischer Kinder- und Jugendlichen-
psychotherapeuten e.V. (VAKJP)
Sybelstraße 45
10629 Berlin
Tel.: 030 327 6260
E-Mail: Geschaeftsstelle@VAKJP.de
www.vakjp.de

Schatten und Licht – Krise nach der Geburt e.V.
Obere Weinbergstraße 3
86465 Welden
Tel.: 08293 965864
E-Mail: info@schatten-und-licht.de
www.schatten-und-licht.de

Gesellschaft für die seelische Gesundheit
in der frühen Kindheit e.V. (GAIMH)
Auenbruggerplatz 30
A-8036 Graz
Tel.: +43(0)316 3853759
E-Mail: gaimh@klinikum-graz.at
www.gaimh.de

Buchtipps

Karl Heinz Brisch, Theodor Hellbrügge (Hrsg.): Die Anfänge der Eltern-Kind-Bindung, Schwangerschaft, Geburt und Psychotherapie, 2. Auflage, Klett-Cotta, Stuttgart 2008

Peter Fonagy, György Gergely, Elliot L. Jurist, Mary Target: Affektregulierung, Mentalisierung und die Entwicklung des Selbst, 2. Auflage, Klett-Cotta, Stuttgart 2006

Mauri Fries: Unser Baby schreit Tag und Nacht. Hilfen für erschöpfte Eltern, 2. Auflage, Ernst Reinhardt Verlag, München, Basel 2006

Remo H. Largo: Babyjahre, Entwicklung und Erziehung in den ersten vier Jahren, Piper-Verlag 2007

Remo H. Largo, Monika Czernin: Glückliche Scheidungskinder. Trennungen und wie Kinder damit fertig werden, Piper-Verlag 2004

Margaret S. Mahler, Fred Pine, Anni Bergman: Die psychische Geburt des Menschen, Fischer Taschenbuch Verlag, Frankfurt am Main 2001

Mechthild Papousek, Michael Schieche, Harald Wurmser (Hrsg.): Regulationsstörungen der frühen Kindheit. Frühe Risiken und Hilfen im Entwicklungskontext der Eltern-Kind-Beziehungen, Verlag Hans Huber, Bern, Göttingen, Toronto, Seattle 2004

Rüdiger Posth: Vom Urvertrauen zum Selbstvertrauen: Das Bindungskonzept in der emotionalen und psychosozialen Entwicklung des Kindes, Waxmann-Verlag 2007